Dynamo
3
Vert

T0346211

Pearson

Published by Pearson Education Limited, 80 Strand, London, WC2R 0RL.

www.pearsonschoolsandfecolleges.co.uk

Developed by Justine Biddle
Edited by Melissa Weir

Designed and typeset by Kamae Design

Produced by Newgen Publishing UK
Original illustrations © Pearson Education Limited 2020
Illustrated by Beehive Illustration: Clive Goodyer, Gustavo Mazali, Martin Sanders;
KJA Artists: Andy, Mark, Neal, Pete, Sean; Andrew Hennessey; Alan Rowe
Picture research by Integra
Cover photo © Shutterstock: Sergei Molchenko
Songs composed by Charlie Spencer of Candle Music Ltd. and performed by Christophe Hespel and Corinne Mitchell. Lyrics by Clive Bell and Gill Ramage.
Audio recorded by Alchemy Post (Produced by Rowan Laxton; voice artists: Lucie Allot, Alice Baleston, Caroline Crier, Jean-Baptiste Fillon, Théo Gales, Matis Hulett, Toscanie Hulett, Christine Le Corre, Félix Mitchell, Katherine Pageon, Tobias Stewart)
The rights of Clive Bell and Gill Ramage to be identified as authors of this work have been asserted by them in accordance with the Copyright, Designs and Patents Act 1988.

First published 2020

25 24
10 9 8 7 6 5 4

British Library Cataloguing in Publication Data
A catalogue record for this book is available from the British Library

ISBN 978 1 292 24891 2

Printed in Slovakia by Neografia

Acknowledgements
We would like to thank Christopher Lillington, Lisa Probert and Isabelle Hichens, as well as Florence Bonneau, Nicolas Chapouthier, Barbara Cooper, Sylvie Fauvel, Anne French, Françoise Grisel, Anne Guerniou, Hekmat Homsi, Nicola Lester, Aaron McKenzie, Pete Milwright and Isabelle Porcon for their invaluable help in the development of this course.

The publisher acknowledges the use of the following material:

Text
Module 1: 20 Groupe Flammarion: Extract from 'Amies à vie' by Pierre Bottero, p13-14 © Flammarion jeunesse, 2001. ISBN: 978-2-0814-1095-4.
Module 3: 72 Rageot Editeur Rigal-Goulard, Sophie, *Au secours, mon frère est un ado*; © 2013, Rageot Editeur.

Photographs
(Key: t-top; b-bottom; c-centre; l-left; r-right; tl-top left; tr-top right; bl-bottom left; br-bottom right; cr-centre right; cl-centre left; tc-top centre; bc-bottom centre)

Module 1: 123RF: Jgade 11cl; **Alamy Stock Photo:** H. Mark Weidman Photography 10tr, Tetra Images, LLC 10cr, Theodore liasi 24tr, Peter Muller/Image Source/Alamy Stock Photo 10tc(2); **Everett Collection:** ©Paramount Pictures 6bl; **Getty Images:** Steve Granitz/WireImage 6tl, Noel Vasquez/Getty Images Entertainment 6tc(2), NurPhoto 6tr, Katarína Gáliková/EyeEm 7tl, Conde Nast Collection Editorial 7tc(1), Muratkoc/iStock Unreleased 7tc(2), Hulton-Deutsch Collection/Corbis Historical 7tr, Maskot 8tl, SolStock/E+ 9tc, loonara/iStock 9cl, RichLegg/E+ 9cr, Cavan images 9tr, Fuse/Corbis 10cc(1), Inti St Clair/DigitalVision 10cc(2), R A Kearton/Moment 11cl, Tim Macpherson/Moment 14cl, Pollyana Ventura/E+ 14tc, Elenaleonova/iStock 14tl, Shironosov/iStock 14tc(1), Mediaphotos/iStock 14tr, Richard Drury/DigitalVision 17cr, Yasser Chalid/Moment 24tc, Kali9/iStock 24tr; **Pearson Education Limited:** Jules Selmes 8tc,8tr,14cr,20cr,24tl, Studio 8 11cl, Jon Barlow 12tl, Gareth Boden 12tc, 19cr; **Shutterstock:** Netflix/Paramount/Kobal 6bc, Disney/Kobal 6bl, DFree 6tc(1), Shutterstock 9tl, Iakov Filimonov 10tl,10tc(1),14tc(2),15tc,24cc, Lena May 10cl, Goodluz 12tr, SpeedKingz 12bc, Vikulin 14tc,Ysbrand Cosijn 16cl, Roman Samborskyi 16cl, Mentatdgt 16cc, Norb_KM 16cc, Shutterstock 21cc, William Perugini 22tr, Dean Clarke 23br, MShev 24tl.

Module 2: 123RF: Photochicken 31bl, Sylv1rob1 35tl; **Alamy Stock Photo:** Index/Heritage Image Partnership Ltd 30bc, Photo Researchers/Science History Images 30br, Kittipong Jirasukhanont 39tc, Julio Bulnes 49cc; **Getty Images:** Mel Yates/Cultura 30tl, Francois Lo Presti/AFP 30tc, Peter Augustin/Photodisc 30tr, BSIP/Universal Images Group 30cr, Nina Leen/The Life Picture Collection 30bl, Stringer/Afp 31bl, Yasser Chalid/Moment 35tr, Stígur Már Karlsson/Heimsmyndir/E+ 37tc, Donald Iain Smith/Photodisc 39tr, Jasmin Merdan/Moment 41tl, Juvenal Makoszay/EyeEm 45tr, Pixel_Pig/E+ 47cr; **Newscom:** P J Hendrikse/MCT 31br; **Pearson Education Limited:** Jon Barlow 37tc, Gareth Boden 40tc; **Shutterstock:** Iakov Filimonov 30cl, Rrrainbow 30cc, Oskar Schuler 30bl, Ajt 31br, Ayzek 36cc, Sasa Prudkov 36cc, ProStockStudio 46br, Syda Productions 48tr, Elena Elisseeva 49tr.

Module 3: Alamy Stock Photo: PATRICK SEEGER/dpa picture alliance archive 54tl, Jennifer Wright 54bl, BRUSINI Aurélien/Hemis 54bc, Kim Karpeles 59, ITAR-TASS News Agency 61cr, Kaiser/Agencja Fotograficzna Caro 63cr, Kaiser/Agencja Fotograficzna Caro 75; **Getty Images:** Lawrence Manning/Stone 54tc, AMilkin/iStock 54c, Vasyl Dolmatov/iStock 54l, Perspectives 54br, Roger Viollet/Lipnitzki 55tl, Pierre FOURNIER/Sygma Premium 55tc, Roger Viollet/Lipnitzki 55tr, Lionel FLUSIN/Gamma-Rapho 55bl, Bertrand Rindoff Petroff/French Select 55br, Bajak/iStock 58tc, Zak Kendal/Cultura 58bl, Steve Prezant/Image Source 58br, Jasmin Merdan/Moment 60l, Shawn Patrick Ouellette/Portland Press Herald 60r, Bertrand Rindoff Petroff/ French Select 63br, Jupiterimages/Pixland 64tr, Peter Muller/Cultura 64br, Dmbaker/iStock 65, Roy JAMES Shakespeare/Photodisc 68r, HEX 69, Maskot 71, Chelsea Lauren/WireImage 123; **Hekmat:** © Stoppauvreté 61tr; **Pearson Education Limited:** Jules Selmes 68l; **Shutterstock:** Roman Voloshyn 54tr, Lionel Urman/Sipa 55bc, Tyler Olson 56, Nejron Photo 57, Carballo 58tl, AJR_photo 61br, Enrique Arnaiz Lafuente 64bl, Shutterstock 70, Sergei Grits/AP 73.

Module 4: 123RF: Marctran 95cr; **Alamy Stock Photo:** Archive Image 79tr, JF/Image Source 81cr, Lenar Nigmatullin 82tr, Goran Bogicevic 82tr, Rana Royalty free 88cl, Ajsissues 88cr, Henry, P./Arco Images GmbH 93tl, David Jones 97cr, Alistair Scott 97cr, Blickwinkel/Royer 124; **Getty Images:** Delpixart/iStock 79tl, Franz Aberham/Stockbyte 79cl, Manuel Litran/Paris Match Archive 80tl, ArtMarie/E+ 81bl, Ron Levine/DigitalVision 83tr, Cinoby/iStock 84tr, Spondylolithesis/E+ 84cl, Anaspides Photography - Iain D. Williams/500px Prime 84bc, South_agency/E+ 87tr, YelenaYemchuk/iStock/Getty Images Plus 88tc, Alain Pitton/NurPhoto 88tl, Hill Street Studios/DigitalVision 92cl, Ishii Koji/DigitalVision 92cr, Westend61 94cr, Fstop123/iStock 95tr, Travellinglight/iStock 96tr, Ivanna-Kateryna Yakovyna/EyeEm 97tl; **Kate Mackinnon:** Kate Mackinnon 80bl, 97tl; **L'Arche:** L'Arche International 78bc; **Les Amis De La Terre:** Les Amis De La Terre 78bc; **MÉDECINS SANS FRONTIÈRES:** MÉDECINS SANS FRONTIÈRES 78bl; **Pearson Education Limited:** Jules Selmes 83tl; **Proximit Digital:** © Proximit Digital 2019 78bl; **Shutterstock:** Slaviana Charniauskaya ph 78tr, Nightman1965 79cr, Sergey Uryadnikov 79bl, FRED SCHEIBER/SIPA 79br, Mike Flippo 80tr, Will Ulmos 80br, Hung Chung Chih 84tc, Iakov Filimonov 84cc, Sanit Fuangnakhon 84br, Rich Carey 85tr, DmyTo 88tr, Thomas M Perkins 88tr, Dragon Images 88cc, B-1972 96cl, ananichev sergei 96tr, MasterPhoto 97cr, Filippo Giuliani 97cr.

Module 5: 123RF: Igor 104cr, Rommel Canlas 110tl; **Alamy Stock Photo:** Herbert Berger/imageBROKER 103l, Eddie linssen 104tr, David R. Frazier Photolibrary, Inc. 107tr, Malcolm Fairman 110tr; **Caroline Moireaux:** Caroline Moireaux 114tl; **Getty Images:** Margouillatphotos/iStock 102tr, Cristi_m/iStock 102bl, Gogosvm/iStock Unreleased 102br, Max Labeille/iStock 104br, Hiroshi Higuchi/Photodisc 104bl, Kevin LEBRE/iStock 104tl, JaySi/iStock 105tcl, Sorincolac/iStock 105tl, Gregory_DUBUS/E+ 105tcr, Levente bodo/Momemt 106, Marco Canoniero/LightRocke 109tr, Pgiam/E+ 109br, Pekic/E+ 111tr, Gareth Cattermole/FIFA 111bl, Stephane Cardinale/Corbis 111br, Mamay/iStock 113tr, Miodrag ignjatovic/E+ 113br, Julien M. Hekimian/Stringer 117bl, Bertrand Rindoff Petroff/French Select 117bcr, Stephane Cardinale /Corbis 117bcl; **Pearson Education Limited:** Jules Selmes 105bl; **Shutterstock:** Railway fx 102tl, Jorge A. Russell. 103r, Stocker1970 105tr, Leonid Andronov 107br, Dejan Dundjerski 110tc, Aflo 110bl, Startraks 110br, Aflo 112, Virginie Lefour/Belga via ZUMA Press 116tr, Maria Laura Antonelli 116br, Souvant Guillaume/Nrj/Sipa 117tr, Xinhua News Agency 117br; **Stéphane Baud:** Stéphane Baud 114tr; **Xavier Rosset:** © Xavier Rosset, 2019 115.

Table des matières

Module 1 *Mon monde à moi*

Module 2 *Projets d'avenir*

Table des matières

Module 3 *Ma vie en musique*

Module 4 *Le meilleur des mondes*

Module 5 *Le monde francophone* (Grammaire)

Module 1 Mon monde à moi

1 Quels sont les passe-temps des célébrités?

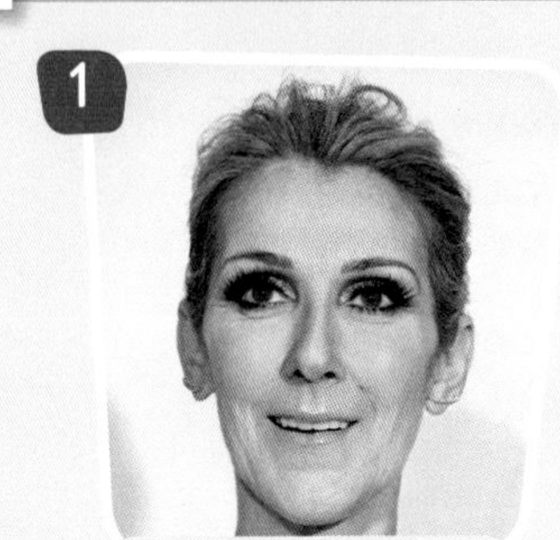

1 Céline Dion ...

2 Ryan Gosling ...

3 Rita Ora ...

4 Kylian Mbappé ...

a ... aime aller à la pêche.

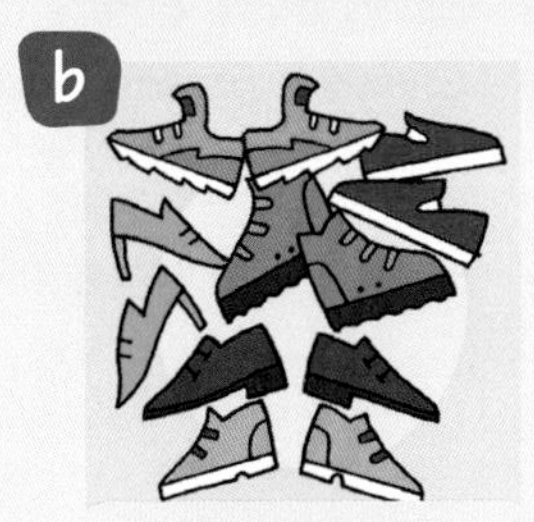

b ... collectionne les chaussures.

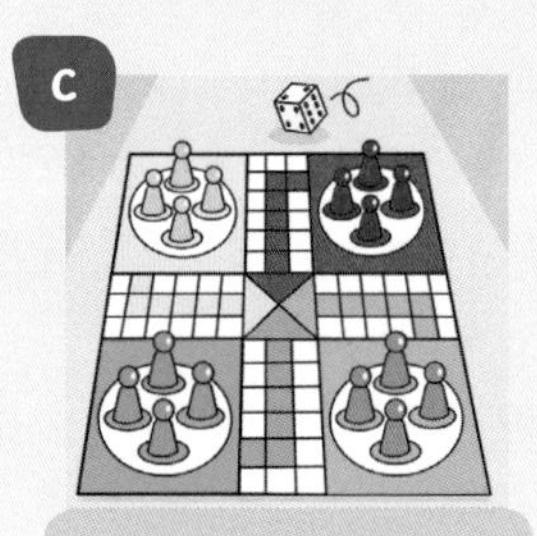

c ... adore les jeux de société.

d ... aime tricoter.

2 Trouve les paires d'amis de la littérature et de la culture française.

1 Tintin et ...

2 Le Petit Prince et ...

3 D'Artagnan et ...

a les trois mousquetaires
b le capitaine Haddock
c le renard

La Journée Internationale de l'Amitié was created by the United Nations in 2011. It takes place on 30 July every year and is a worldwide celebration of friendship between people of different races, colours and religions.

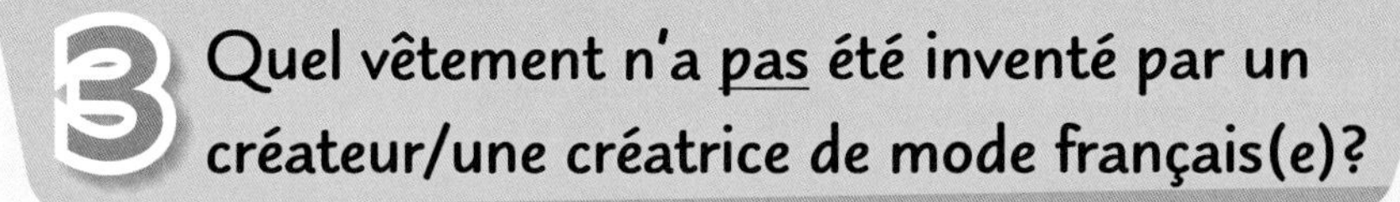

3 Quel vêtement n'a pas été inventé par un créateur/une créatrice de mode français(e)?

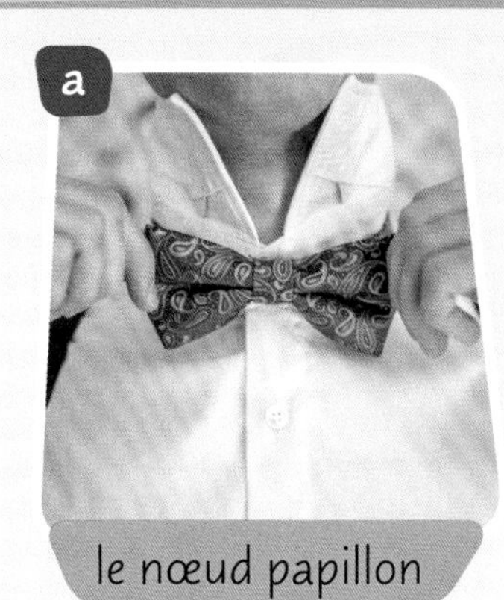

a le nœud papillon

b la petite robe noire

c le polo

d la minijupe

France has produced some of the world's top fashion designers, including Coco Chanel, Yves Saint-Laurent, Jean-Paul Gaultier and Christian Lacroix. They created many of the styles and fashion items still worn today.

Did you know that denim was invented in France?

It was first made in the town of Nîmes, in southern France. The name comes from *le serge* ***de Nîmes*** – serge (a type of hard-wearing cloth) from Nîmes.

4 À ton avis, quelles sont les activités qui manquent?

Les cinq activités les plus populaires pour fêter son anniversaire, selon les ados français

 jouer au laser tag 

 faire une fête 

Point de départ

- Talking about likes and dislikes
- Using *aimer* + noun and *aimer* + infinitive

Écoute et lis. Regarde les images. C'est la chambre de qui?
Find the picture of the correct bedroom for each person.

la lecture	*reading*

1 J'aime le sport et la télé. J'aime aussi les jeux vidéo. Je n'aime pas la lecture et je déteste les animaux!

Clara

2 Moi, j'adore la musique! J'aime aussi le cinéma, mais je déteste la télé et je n'aime pas le sport.

Thomas

3 Je n'aime pas la télé et je déteste les jeux vidéo! Cependant, j'aime beaucoup les animaux et j'adore la lecture.

Lilou

a

b

c

Écoute et note les détails en anglais. (1–4)

a Likes – why?
b Dislikes – why?

Qu'est-ce que tu aimes?

Qu'est-ce que tu n'aimes pas?

G

Use *aimer*, *adorer* or *détester* + a noun to talk about likes and dislikes.

Unlike in English, you must use a definite article (***le***, ***la***, ***les***) before the noun.

*J'aime **le** cinéma.*

*Je n'aime pas **les** animaux.*

Page 26

Sondage. Pose les questions à trois camarades de classe.

- *Qu'est-ce que tu aimes?*
- *J'adore le cinéma parce que c'est intéressant. J'aime aussi …*
- *Qu'est-ce que tu n'aimes pas?*
- *Je n'aime pas la lecture parce que c'est nul et je déteste …*

✓✓✓ J'adore …	**le** cinéma	parce que c'est	amusant.
✓✓ J'aime beaucoup …	**le** sport		génial.
✓ J'aime …	**la** lecture		intéressant.
✗ Je n'aime pas …	**la** musique		ennuyeux.
✗✗ Je déteste …	**la** télé		nul.

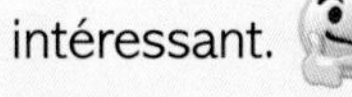
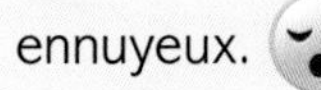

Écoute et lis la carte mentale. Copie et complète le tableau en anglais. Que signifient les verbes en gras?

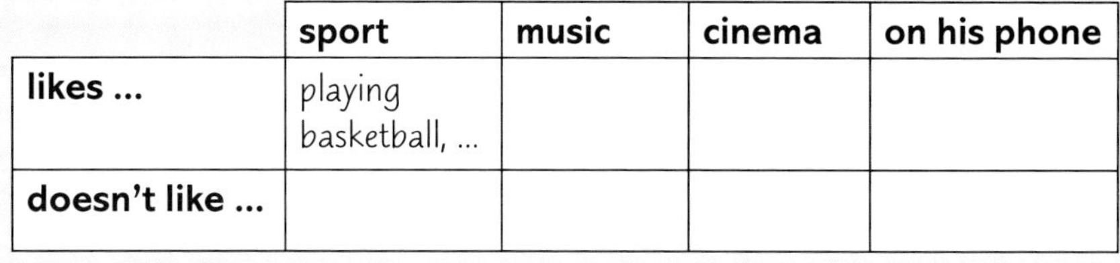

	sport	music	cinema	on his phone
likes ...	playing basketball, ...			
doesn't like ...				

Salut! Je m'appelle Arnaud.

J'adore le sport! J'aime **jouer** au basket et j'aime aussi **nager**, mais je n'aime pas **faire** du judo parce que c'est ennuyeux.

J'aime beaucoup la musique. J'aime **écouter** du hip-hop et j'adore **danser**! Cependant, je déteste le rap parce que c'est nul.

J'aime aussi **aller** au cinéma parce que c'est amusant. J'aime les comédies, mais je n'aime pas **regarder** des films de science-fiction.

J'adore mon portable parce que c'est génial! J'adore **tchatter** et j'aime aussi **surfer** sur Internet, mais je déteste **prendre** des selfies.

Écoute. Copie et corrige l'erreur dans chaque phrase en anglais.

1. She thinks rap music is great.
2. She likes watching sci-fi films.
3. She thinks basketball is boring.
4. She thinks swimming is rubbish.

The mistake might be in the noun, or in the opinion.
Listen carefully for the difference between ***j'aime*** and ***je n'aime pas***.
Also listen carefully for which adjectives she uses.

You can say what you like doing or don't like doing, by using *aimer*, *adorer* or *détester*, followed by a verb in the infinitive.

J'adore écouter du rap et j'aime jouer au tennis.
I love listening to rap and I like playing tennis.

Page 26

Qu'est-ce que tu aimes faire? Qu'est-ce que tu n'aimes pas faire? Écris un court paragraphe.

	le sport / **la** musique / ...	
J'adore ...	écouter	du rap / du hip-hop / du R'n'B ...
J'aime (beaucoup) ...	jouer	au basket / au foot / au rugby / au tennis / au volleyball ...
Je n'aime pas ...	regarder	des comédies / des films d'action / des films de science-fiction ...
Je déteste ...	aller	au cinéma ...
	faire	du judo / de la gymnastique ...
	danser / nager / prendre des selfies / tchatter / surfer.	

J'adore le sport **et** la musique, **mais** je n'aime pas la télé. J'aime jouer au tennis et j'aime **aussi** faire de la gymnastique. **Cependant**, je n'aime pas nager **parce que** c'est ennuyeux.

Use connectives to extend your sentences. What do the words in **bold** here mean?

Qu'est-ce que tu fais comme activités extrascolaires?

- Talking about after-school clubs and activities
- Using verbs in the present tense

Écoute et lis. Trouve la bonne photo pour chaque phrase.

1 Je chante dans la chorale.
2 Je joue au badminton.
3 Je joue du violon dans l'orchestre.
4 Je fais du théâtre.
5 Je fais de la gymnastique.
6 Je vais au club de danse.
7 Je vais au club d'informatique.
8 Je ne fais rien.

Qu'est-ce que tu fais comme activités extrascolaires?

Écoute et note (1–4):

- le jour en anglais
- les bonnes lettres de l'exercice 1.

Exemple: **1** Tues – a; Weds – …

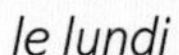

To say 'on' + a day of the week (e.g. 'on Mondays'), use ***le*** *lundi*, etc.

le lundi
le mardi
le mercredi
le jeudi
le vendredi

G

You use the present tense to say what you <u>do</u>.

For regular *–er* verbs such as *jouer* and *chanter*, the endings are:

chanter (to sing)

*je chant**e***	I sing
*tu chant**es***	you (singular) sing
*il/elle/on chant**e***	he/she sings / we sing
*nous chant**ons***	we sing
*vous chant**ez***	you (plural or polite) sing
*ils/elles chant**ent***	they sing

Some verbs are irregular:

aller (to go)	*je* ***vais*** (I go)
faire (to do)	*je* ***fais*** (I do)

Page 26

En tandem. Jeu de mémoire. Choisis a ou b. Regarde les images pendant une minute, puis réponds aux questions.

- *<u>Le mercredi</u>, qu'est-ce que tu fais comme activités extrascolaires?*
- *Je <u>joue au football</u>.*

	lundi	mardi	mercredi	jeudi	vendredi
a					
b					

Remember, cognates are usually pronounced differently in French. How do you pronounce the following?

badminton *club* *danse*
orchestre *théâtre* *violon*

4 Écoute. Copie et complète le tableau en français. (1–2)

	activité	quand	avec qui	c'est comment?
1	volleyball			

l'équipe	team

Use *jouer* **à** with sports.	*Je joue* **au** *basket.* *Je joue* **au** *foot.*
Use *jouer* **de** with instruments.	*Je joue* **du** *piano.* *Je joue* **du** *violon.* *Je joue* **de la** *guitare.*

Je fais ça	le lundi, le mardi, …	après les cours. à midi.
Je fais ça	avec	mon copain. ma copine. mon équipe. mes amis.
C'est	(assez) amusant. (très) intéressant. génial!	

5 Lis le forum. Identifie les trois phrases vraies en anglais.

www.mesactivités-extrascolaires.fr.

Samira

Le lundi, le mardi et le mercredi, à midi, je joue du violon dans l'orchestre. Je fais ça avec ma copine Élise, qui joue de la trompette. Nous adorons ça, c'est très amusant. Le jeudi et le vendredi, je ne fais rien.

Théo

Le mercredi après-midi, je joue dans l'équipe de handball, avec mon copain, Karim. Karim est aussi dans l'équipe de rugby. Cependant, moi, je ne joue pas au rugby parce que c'est trop difficile!

Cécile

Je ne fais pas de sport et je ne joue pas d'un instrument. Le vendredi, après les cours, je fais du théâtre avec mes amis. Nous chantons et dansons dans la comédie musicale *Grease*! C'est génial!

1. Samira plays in the orchestra on Thursdays.
2. Samira's friend also plays an instrument.
3. Théo and Karim are in the handball team.
4. Théo also likes playing rugby.
5. Cécile does a lot of sport.
6. Cécile enjoys singing and dancing.

TRA**P**S: **P**ositive or negative?
Watch out for these negatives:

ne … pas (not)
ne … rien (nothing)

They are small words, but they completely change the meaning of a sentence.

6 Écris un post sur www.mesactivités-extrascolaires.fr. Réponds aux questions.

1. Qu'est-ce que tu fais comme activités extrascolaires?
2. Quand est-ce que tu fais ça?
3. Avec qui est-ce que tu fais ça?
4. C'est comment?

Je vais au club d'informatique. Je fais ça le mardi, à midi. Je fais ça avec ma copine, Emma. C'est très intéressant.

2 Amis pour toujours!

- Describing yourself and your friends
- Using the verbs *avoir* and *être*

Écoute et lis. Regarde les photos. C'est qui? (1–4)
Listen and decide which person is being described each time.

1 Je suis très grande. J'ai les yeux bleus. J'ai les cheveux longs et blonds.

2 Mon meilleur ami est assez grand. Il a les yeux gris. Il a les cheveux bruns et raides.

3 Je suis assez petit. J'ai les yeux marron. J'ai les cheveux noirs et courts.

4 Ma meilleure amie est de taille moyenne. Elle a les yeux verts. Elle a les cheveux longs et bouclés.

meilleur(e) *best*

Je **suis** …	de taille moyenne.	
Il/Elle **est** …	assez très	grand(**e**). petit(**e**).
J'**ai** les yeux … Il/Elle **a** les yeux …	bleus / gris / marron / verts.	
J'**ai** les cheveux … Il/Elle **a** les cheveux …	blonds / bruns / noirs / roux. courts / longs / mi-longs / bouclés / raides.	

G

The verbs *avoir* (to have) and *être* (to be) are important irregular verbs. Make sure you can recognise them and use them correctly.

avoir (to have)

*j'**ai***	I have
*tu **as***	you (singular) have
*il/elle/on **a***	he/she has / we have
*nous **avons***	we have
*vous **avez***	you (plural or polite) have
*ils/elles **ont***	they have

être (to be)

*je **suis***	I am
*tu **es***	you (singular) are
*il/elle/on **est***	he/she is / we are
*nous **sommes***	we are
*vous **êtes***	you (plural or polite) are
*ils/elles **sont***	they are

Page 26

Copie et complète la description de la photo. Utilise les mots de la case. Il y a deux mots de trop! Puis écoute et vérifie.

Voici une photo de mes amis.
Au centre, il y a un **1** . C'est mon meilleur ami, Maxime. Il est très **2** .
À droite, il y a une fille. Elle est assez **3** . Elle a les cheveux longs et **4** .
C'est ma copine, Alexia.
À gauche, il y a une autre fille, avec les cheveux **5** . Elle est de taille moyenne. C'est ma meilleure **6** , Élise.

un/une autre *another*

amie
bruns
copain
filles
garçon
grand
petite
noirs

3 En tandem. Tu décris un(e) de tes ami(e)s. Ton/Ta camarade devine qui c'est.

- *Mon ami est assez grand. Il a les yeux marron. Il a les cheveux courts, noirs et bouclés.*
- *C'est Matthew?*
- *Oui. / Non, c'est …*

At the end of a French word, ***s***, ***t***, ***d*** and ***x*** are usually silent.

However, when you add *–e* to an adjective to make it agree with a feminine subject, you pronounce the final consonant. Practise saying these correctly:

*grand – gran**de*** | *arrogant – arrogan**te***
*petit – peti**te*** | *impatient – impatien**te***

4 Lis le texte. Copie et complète le tableau en anglais.

Ton meilleur ami/Ta meilleure amie est comment?

Ma meilleure amie s'appelle Zoé. Elle est assez petite, avec les yeux verts. Elle a les cheveux assez longs et noirs. Parfois je me dispute avec Zoé parce qu'elle est impatiente et un peu égoïste.

Mon meilleur ami s'appelle Kilian. Il est grand et assez timide. Il a les cheveux roux et les yeux bleus. Il porte des lunettes. Je m'entends bien avec Kilian parce qu'il est sympa et très drôle.

	Zoé	**Kilian**
height / build		
eyes		
hair		
personality		
other details		

Je m'entends bien avec … — *I get on well with …*

Je me dispute avec … — *I argue with …*

Il est …	**Elle** est …
arrogant	arrogant**e**
impatient	impatient**e**
drôle	drôle
égoïste	égoïste
sympa	sympa
timide	timide

Remember that adjectives might also be used with qualifiers (e.g. *très, assez, un peu*).

*Elle est **assez** petite.* *Il est **un peu** impatient.*

5 Écoute. Sa meilleure amie est comment? Choisis les bonnes réponses.

1 Sophie is **quite tall / quite small**.
2 She wears glasses and has **brown eyes / blue eyes**.
3 She has **short red hair / curly blond hair**.
4 They get on well because Sophie is nice and very **funny / intelligent**.
5 She is **very patient / a bit impatient**.
6 However, she is **arrogant and selfish / not arrogant or selfish**.

6 Décris ton meilleur ami ou ta meilleure amie. Écris un court paragraphe.

Use qualifiers with adjectives. What do these mean?

Mon meilleur ami s'appelle Ryan.
Il est assez petit. Il a les yeux bleus et les cheveux noirs.
Je m'entends bien avec Ryan parce qu'il est très sympa.
Il est un peu timide, mais il n'est pas égoïste.

Include a negative to say what your friend is not like.

Comment as-tu fêté ton anniversaire?

- Describing birthday celebrations
- Using the perfect tense

Écoute et lis. Note les bonnes lettres. (1–8)

J'ai ouvert mes cadeaux.

J'ai fait une fête d'anniversaire

J'ai joué au laser tag.

J'ai mangé du gâteau d'anniversaire.

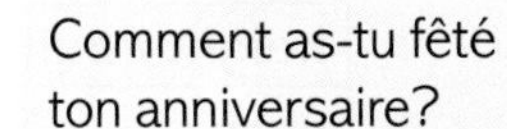

Comment as-tu fêté ton anniversaire?

Je suis allé(e) au cinéma.

J'ai dansé.

J'ai bu du coca.

J'ai regardé mes messages.

Écoute. Pour chaque personne, note les lettres de l'exercice 1 dans le bon ordre. (1–2)

Exemple: 1 a, …

Use sequencers to narrate a series of events:

d'abord	first of all
ensuite / puis	then
après	afterwards
finalement	last of all

En tandem. Imagine que tu as fêté ton anniversaire récemment. Fais deux dialogues. Utilise les images (a ou b).

- *Comment as-tu fêté ton anniversaire?*
- *D'abord, j'ai ouvert mes cadeaux.*
  Ensuite, j'ai mangé …
  Puis … Après, … Finalement, …

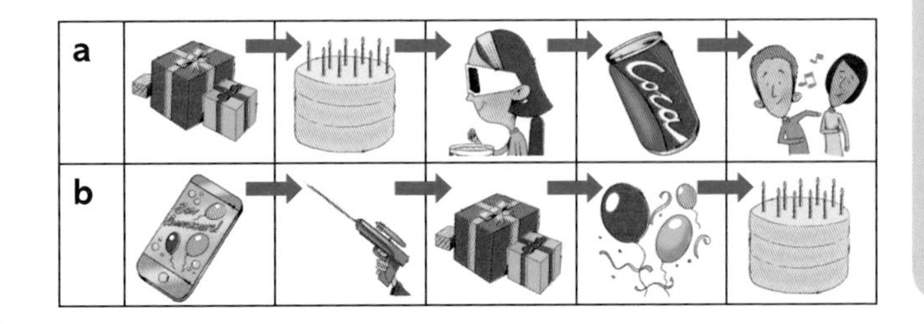

G

You use the perfect tense to say what you did or have done.

To form the perfect tense of most verbs, remember the **1–2–3** rule.

You need:

1 a subject pronoun (*je, tu, il*, etc.)

2 part of the verb ***avoir*** (to have)

3 a past participle (e.g. ***dansé***)

1 2 3

*j'**ai** dansé*	I danced
*tu **as** dansé*	you (singular) danced
*il/elle/on **a** dansé*	he/she/we danced
*nous **avons** dansé*	we danced
*vous **avez** dansé*	you (plural or polite) danced
*ils/elles **ont** dansé*	they danced

Some verbs are irregular:

boire ➡ *j'ai **bu*** (I drank)
ouvrir ➡ *j'ai **ouvert*** (I opened)
faire ➡ *j'ai **fait*** (I did)

The verb ***aller*** (to go) uses ***être*** (not *avoir*).
The past participle must agree with the subject:

1 2 3

*je **suis** allé(e)* (I went)

Page 27

Lis le texte et réponds aux questions en anglais. Puis relis: il y a combien d'opinions dans le texte?

Mon anniversaire hyper-cool!

Samedi dernier, j'ai fêté mon anniversaire. C'était génial!

D'abord, j'ai ouvert tous mes cadeaux. De ma mère, j'ai reçu un sweat rouge et des baskets. De mon frère, j'ai reçu un jeu vidéo.

Ensuite, je suis allé en ville avec mon meilleur ami, Karim, et nous avons joué au laser tag. C'était très amusant!

Puis j'ai mangé du gâteau d'anniversaire au chocolat et j'ai bu une limonade. Après, je suis allé au cinéma avec ma famille. Nous avons vu une comédie américaine. C'était assez marrant.

Finalement, après le film, nous avons mangé des crêpes au restaurant et c'était vraiment sympa.

Antonin

j'ai reçu	*I received, I got*
nous avons vu	*we saw*

1. Who bought Antonin a sweatshirt for his birthday?
2. Name two other presents he received.
3. Who did he play laser tag with?
4. What sort of film did he go and see? Give two details.
5. What did he think of the film?
6. What did he and his family do after the film?

C'était …	*It was …*
amusant	*fun*
génial	*great*
hyper-cool	*really cool*
marrant	*funny*
sympa	*nice*

Traduis en anglais la section suivante du texte de l'exercice 4:
Ensuite, je suis allé en ville … C'était assez marrant.

Écoute et note en anglais (1–2):

- les activités
- les opinions.

Écoute la chanson. Identifie les huit verbes au passé composé. Puis écoute et chante.
As you listen to the song, you will hear that one line is added with each verse.

La fête d'anniversaire de Valentine

À la fête d'anniversaire de
ma copine Valentine,
1 J'ai porté un chapeau,
j'ai mangé du gâteau,
À la fête d'anniversaire de
ma copine Valentine.

2 J'ai parlé avec Léo,
j'ai dansé un tango,
3 J'ai apporté un cadeau,
j'ai bu deux diabolos,
4 J'ai joué de mon banjo et j'ai
chanté comme un oiseau!

To decode unknown words:

- Look at the rest of the sentence – what is it about?
- Does the word look like a verb, or a noun or an adjective? What might it mean?
- As a last resort, where could you look it up?

Imagine: samedi dernier, tu as fêté ton anniversaire avec une fête idéale. Écris un paragraphe.

- Use sequencers (*d'abord, ensuite, …*).
- Include opinions (*c'était amusant / marrant / …*).

Samedi dernier, j'ai fêté mon anniversaire. D'abord, j'ai joué au bowling avec mes copains. C'était marrant! Ensuite, …

Qu'est-ce que tu as fait?

- Describing what you did and what you wore
- Using the present tense and the perfect tense

Lis et trouve la bonne photo pour chaque phrase.

Qu'est-ce que tu as fait, le weekend dernier?

Qu'est-ce que tu as porté?

1 J'ai fait du bowling, alors j'ai porté un pull rose avec un pantalon marron et des baskets grises.

2 J'ai mangé au restaurant avec ma famille, donc j'ai porté une veste noire, une chemise bleue et des chaussures noires.

3 Je suis allé à un concert, alors j'ai porté une chemise bleue et blanche, un chapeau blanc et un jean bleu.

4 Je suis allée à une fête d'anniversaire, donc j'ai porté une robe jaune et des baskets blanches.

alors / donc *so*

a 

b 

c 

d 

Écoute. Copie et complète les textes. Puis traduis le texte a ou le texte b en anglais.

a Normalement, le weekend, je porte une casquette, un tee-shirt et un **1** noir. Cependant, le weekend dernier, j'ai **2** au restaurant avec mes grands-parents, alors j'ai porté une chemise **3**, une jupe rose et des **4** violettes. C'était top!

b Normalement, le **5**, je porte un pull ou un sweat à capuche. Cependant, le weekend dernier, je suis **6** au mariage de ma cousine, donc j'ai porté une veste grise, un pantalon **7** et des chaussures **8**. Ma cousine, Lucie, a porté une **9** rouge. C'était très cool!

allé	baskets
blanche	bleu
jean	mangé
grises	samedi
robe	

Écoute et note les détails en anglais (1–3):

a what they normally wear
b what they wore last weekend and why.

Copie et complète les phrases pour toi. Utilise ton imagination!

Normalement, le weekend, je porte ...

Cependant, le weekend dernier, je suis allé(e) ..., alors j'ai porté ...

Remember to make adjectives agree with the noun:
une chemise verte ***des baskets noires***

un ...	bleu(**e**)
blouson / jean	noir(**e**)
jogging	vert(**e**)
pantalon / pull	gris(**e**)
sweat (à capuche)	blanc(**he**)
tee-shirt	violet(**te**)
une ...	rouge
casquette	jaune
chemise / jupe	rose
robe / veste	orange
	marron
des ...	bleu**es** / gris**es**
baskets	noir**es** / vert**es**
bottes	blanch**es** / violett**es**
chaussures	rouge**s** / jaune**s**
	rose**s**
	orange / marron

5 Écouter **In pairs. Read aloud the pairs of verbs in the grammar box and compare your pronunciation with your partner's. Then listen and check.**

- *je porte, j'ai porté*

Make sure you pronounce each tense correctly, so it is clear whether you are referring to the present or the past:

- *je* sounds a bit like 'juh'
- *–e* is a silent verb ending: *je joue*
- *j'**ai*** sounds a bit like 'jey' (*maison*)
- *–**é*** is a pronounced ending: *j'ai joué* (*vélo*)

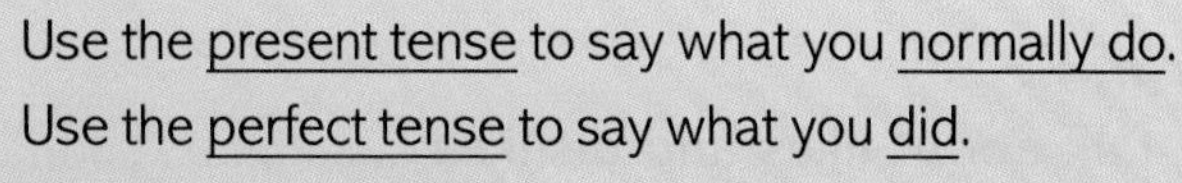

Use the present tense to say what you normally do.

Use the perfect tense to say what you did.

There are two parts to the present tense, but three parts to the perfect tense:

present tense	perfect tense
Normalement, le weekend …	*Le weekend dernier …*
1 2	1 2 3
*je **porte** …*	*j'ai porté …*
*je **mange** …*	*j'ai mangé …*
*je **joue** …*	*j'ai joué …*
*je **regarde** …*	*j'ai regardé …*
*je **fais** …*	*j'ai **fait** …*
*je **vais** …*	*je suis **allé(e)** …*

6 Écouter **Écoute. On parle du présent ou du passé? Écris PR ou PA. (1–6)**

Listen for the sound of the verbs to work out which tense they are in. Time phrases can sometimes give you a clue too (e.g. *normalement, le weekend dernier*).

7 Écouter **Écoute et lis l'interview. Chaque phrase en anglais est vraie (V) ou fausse (F)?**

Ta vie d'ado est comment?

Interview avec Benoît Meunier

1 Salut Benoît! Qu'est-ce que tu aimes? Qu'est-ce que tu n'aimes pas?
J'aime la musique. J'adore écouter du R'n'B! Cependant, je n'aime pas regarder la télé parce que c'est ennuyeux.

2 Qu'est-ce que tu fais comme activités extrascolaires?
Le mercredi après-midi, je joue au rugby avec mon équipe.

3 Ton/Ta meilleur(e) ami(e) est comment?
Mon meilleur ami s'appelle Florian. Il a les yeux bleus et les cheveux blonds. Je m'entends bien avec Florian parce qu'il est assez drôle. Il n'est pas arrogant.

4 Comment as-tu fêté ton dernier anniversaire?
D'abord, j'ai ouvert mes cadeaux, puis j'ai mangé au restaurant avec ma famille. C'était génial!

5 Qu'est-ce que tu as porté le weekend dernier?
Le weekend dernier, je suis allé à une fête, alors j'ai porté une chemise bleue et un jean noir.

a Benoît enjoys watching TV.
b He plays rugby on Wednesdays.
c His best friend, Florian, has blond hair.
d Florian is funny, but a bit arrogant.
e Benoît celebrated his last birthday at home with his family.
f Last weekend, he wore a sweatshirt and a tee-shirt.

8 Parler **En tandem. Fais une interview avec ton/ta camarade de classe. Utilise les questions de l'exercice 7 et adapte les réponses.**

- *Qu'est-ce que tu aimes? Qu'est-ce que tu n'aimes pas?*
- *J'aime le cinéma et j'aime aussi …*

Bilan

P

I can ...

- talk about likes and dislikes .... *J'adore la musique. Je n'aime pas nager.*
- give opinions, with reasons .... *J'aime beaucoup la télé parce que c'est amusant.*
- use connectives .... *J'aime le cinéma **et** les animaux, **mais** je déteste le sport.*
- use ***aimer***, ***adorer*** and ***détester*** + noun or infinitive .... ***J'aime** les jeux vidéo. **Je déteste** faire du judo.*

1

I can ...

- talk about after-school activities .... *Le mardi, je vais au club de danse.*
- ask and answer questions .... *Quand est-ce que tu fais ça? Avec qui? Je fais ça à midi, avec ma copine.*
- say what I don't do .... *Je ne danse pas. Je ne fais rien.*
- use verbs in the **present tense** .... *Je **chante** dans la chorale. Je **fais** du théâtre.*
- use ***jouer à*** and ***jouer de*** .... *Je **joue au** foot. Je **joue de** la guitare.*

2

I can ...

- describe my best friend .... *Mon meilleur ami est très grand. Il a les cheveux noirs.*
- say how I get on with someone .... *Je m'entends bien avec … Je me dispute avec …*
- use ***avoir*** and ***être*** correctly .... *Il **a** les yeux marron. Il **est** sympa.*
- use correct adjectival agreement .... *Il est petit. Elle est petit**e**.*

3

I can ...

- describe a past birthday celebration .... *J'ai fait une fête d'anniversaire.*
- use sequencers .... ***D'abord**, j'ai mangé du gâteau, **ensuite**, j'ai dansé, **puis** …*
- say what it was like .... *C'était marrant. C'était ennuyeux.*
- use the **perfect tense** .... ***J'ai joué** au laser tag. **Je suis allé(e)** au cinéma.*

4

I can ...

- describe what I wore .... *J'ai porté une chemise blanche et un jean noir.*
- use the **present** and **perfect tenses** together .... *Normalement, **je porte** un jogging, mais le weekend dernier, **j'ai porté** une robe.*

Révisions

Ready

1 In pairs. Take it in turns to say whether you like, love, dislike or hate these things.

le sport | la musique | la lecture | les animaux | aller au cinéma | jouer au basket | nager | regarder la télé

2 Write two more sentences about what you like. Use *j'aime* + definite article + noun in the first sentence and *j'aime* + infinitive in the second sentence.

3 In pairs. How many adjectives can you think of, to give an opinion with *c'est*? Write a list.

Example: *C'est amusant.*

Get set

4 Copy out the sentences, filling in the gap with the correct present tense verb from the box. There are two verbs too many! What does each sentence mean?

1 Je ______ dans l'équipe de rugby.
2 Je ______ dans la chorale.
3 Je ______ au club d'informatique.
4 Je ______ du violon dans l'orchestre.
5 Je ne ______ rien.

chante | fais | joue | joue | mange | regarde | vais

5 Read this description. Change the underlined details to write a description of a different girl. **For help, see page 28.**

Mon amie est assez petite. Elle a les cheveux courts et bruns. Elle a les yeux gris. Elle est assez timide.

6 Translate this paragraph into English.

Je m'entends bien avec mon meilleur ami parce qu'il est drôle et très sympa. Il est un peu impatient, mais il n'est pas égoïste.

Go!

7 Copy and complete this description of a birthday celebration, using the perfect tense verbs from the box. Then translate it into English.

D'abord, **1** ______ mes cadeaux. Ensuite, **2** ______ mes messages. Puis **3** ______ du gâteau d'anniversaire. Après, **4** ______ au cinéma avec mes amis. Finalement, **5** ______ du coca. C'était génial!

j'ai bu | j'ai mangé | j'ai ouvert | j'ai regardé | je suis allé

8 Copy and complete this sentence using your own ideas. Make the adjectives of colour agree with the noun. **For help, see page 29.**

Normalement, je porte une chemise bleue et …, mais le weekend dernier, j'ai porté … et …

9 In pairs. Ask and answer these questions.

- Qu'est-ce que tu fais comme activités extrascolaires?
- Ton meilleur ami/Ta meilleure amie est comment?
- Comment as-tu fêté ton dernier anniversaire?

En focus 1: lire et écouter

You read an online forum about friendship. Is each comment positive (P), negative (N) or positive and negative (P+N)?

1	**Nina @ Nina1**	Je m'entends bien avec ma meilleure copine. Elle est vraiment sympa.
2	**Adil @ Adil1**	Je me dispute souvent avec mon meilleur ami parce qu'il est égoïste!
3	**Marie @ Marie**	Je m'entends super-bien avec mon amie, mais parfois elle est un peu impatiente.
4	**Sam @ Sam1**	Mon meilleur copain est assez drôle. Il n'est pas arrogant.

Don't forget TRAPS!

In exercises 1 and 2, watch out for small words.

Remember, negatives such as ***ne … pas*** and ***ne … rien*** can change the whole meaning of a sentence.

Read this extract from Mathéo's blog. Which three statements in English are correct?

Au collège, je fais beaucoup d'activités. Le mardi, je chante dans la chorale. Cependant, je ne joue pas d'un instrument. Le mercredi après-midi, je joue dans l'équipe de volleyball. Le jeudi, je ne fais rien, mais le vendredi, je vais au club d'informatique. Samedi dernier, j'ai joué au foot avec mes amis.

1 Mathéo sings in the school choir once a week.
2 He also plays a musical instrument.
3 He plays in a sports team on Wednesday afternoons.
4 He goes to the computer club on Thursdays and Fridays.
5 He did some sport last weekend.

Read this extract from *Amies à vie* (Friends for life), by Pierre Bottero. Answer the questions in English.

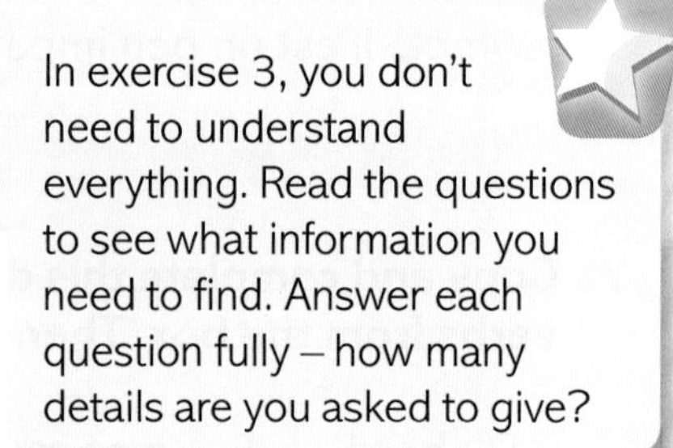
In exercise 3, you don't need to understand everything. Read the questions to see what information you need to find. Answer each question fully – how many details are you asked to give?

J'aime bien Natacha. Elle est grande avec des yeux verts et des taches de rousseur; Amélie est un peu boulotte; Sunita est indienne; Aurélie, la sportive du groupe, porte toujours un survêtement et elle a les cheveux courts; et moi, Brune, je pense que je suis normale, sauf que je suis blonde, malgré mon prénom.

1 What are we told about Natacha's appearance? Give two details.
2 What do we learn about Aurélie's personality?
3 What are we told about Aurélie's appearance? Give two details.
4 What colour is Brune's hair and why does she comment on it?

un survêtement	*tracksuit*
sauf	*except*
malgré	*in spite of*

4 Translate the sentences into English.

1 Mon meilleur ami est assez petit.
2 Il a les yeux bleus et les cheveux noirs.
3 Il est un peu timide, mais très drôle.
4 Le weekend dernier, je suis allé à une fête d'anniversaire.
5 J'ai porté une chemise blanche et un pantalon gris.

When translating, be careful not to miss out small words such as qualifiers (*assez*, *très*, *un peu*).

5 You overhear various statements at your French friend's school. What are they talking about? Write the correct letter. (1–5)

a	after-school activities
b	sport
c	a birthday celebration
d	clothes
e	things they dislike
f	a friend's appearance
g	opinions about music

6 Listen to Antoine talking about his recent birthday celebration. Copy and complete the sentences in English.

1 For his birthday, from his parents, he …
2 With his girlfriend, he … . It was …
3 With his grandparents, he …

7 Listen to these people talking about weekend activities. Copy and complete the grid in English. (1–4)

	Normally he/she …	Last weekend, he/she …
1	goes to cinema	
2	wears …	wore …
3		
4		

Remember the **T** in **T**RAPS!

Listen carefully for the **T**ense of the verb, or the **T**ime frame.

Each person mentions what they normally do and what they did last weekend, but not always in the same order.

En focus 2: parler et écrire

Showcasing what you've learned

When you **speak** or **write**, show what you know! Use a **range of language** in your answers:

- Use the **correct tense** to answer each question. Do you need the present or the perfect tense? *Je porte ... / J'ai porté ...*
- Use **sequencers** to structure what you say and to give longer answers: *d'abord, ensuite, puis, après, finalement.*
- Use a range of **opinion** phrases: *J'adore ça! C'est génial!*
- Give **reasons**: *Je m'entends bien avec ... parce qu'il/elle est sympa.*
- Use **negatives** to explain what you don't do: *Je ne danse pas. Je ne fais rien.*

1 Description d'une photo. Regarde la photo et prépare ta réponse aux questions. Écris des notes, puis réponds.

Say how many people there are and where one person is: *au centre / à droite / à gauche, il y a ...*

Mention appearance and personality. Use the correct verb. *Il/Elle **a** les yeux ... Il/Elle **est** grand(e) / sympa ...*

Describe his/her hair.

Récemment means 'recently'. Use the perfect tense. E.g. *j'ai joué, j'ai fait, je suis allé(e) ...*

- Qu'est-ce qu'il y a sur la photo?
- *Sur la photo, il y a ... Au centre, il y a ... Elle a les cheveux ...*
- Ton meilleur ami/Ta meilleure amie est comment?
- *Mon meilleur ami/Ma meilleure amie est ... Il/Elle a ...*
- Qu'est-ce que tu as fait récemment avec tes amis?
- *Le weekend dernier, j'ai / je suis ...*

2 En tandem. Conversation. Traduis les questions en anglais. Puis prépare tes réponses aux questions et répète la conversation avec ton/ta camarade.

1 Qu'est-ce que tu aimes et n'aimes pas faire?

J'aime le sport, mais je n'aime pas nager parce que c'est ennuyeux.

Answer both parts of the question. Include reasons.

2 Qu'est-ce que tu fais comme activités extrascolaires?

Le lundi à midi, je vais au club de danse. C'est assez amusant. Le mardi, je ne fais rien.

Say what you do and when. Try to add an opinion. Can you include a negative?

3 Comment as-tu fêté ton dernier anniversaire?

D'abord, j'ai ouvert mes cadeaux. Ensuite, j'ai regardé mes messages. Puis ... C'était hyper-cool!

Answer using the perfect tense. Include sequencers and add an opinion with *c'était* ... (it was ...).

During your conversation task, you will be asked follow-up questions for which you might not have prepared. Listen to these two follow-up questions. What do they mean? Have a go at answering them with your partner.

Translate the sentences into French.

Use the correct definite article (*le*, *la*, or *les*) before each noun.

Use *le* + the day of the week.

1 I love cinema and music.
2 On Wednesdays, I play basketball.
3 My friend Thomas has brown eyes and short hair.
4 Normally, I wear a black tee-shirt and white trainers.
5 Last weekend, I ate at the restaurant with my family.

These adjectives go after the noun in French. Use the correct adjective ending.

Which tense do you need to use here? What accent do you need on the past participle?

In pairs. Look at the writing task and work out:

1 the overall subject from the heading
2 what you should write about for each bullet point
3 which of the four bullet points require you to:
a give an opinion; **b** refer to the past;
c refer to the present.

Tu écris un blog sur ta vie sociale.

Décris:

- ce que tu aimes faire
- tes activités extrascolaires – ton opinion
- ton meilleur ami/ta meilleure amie
- une activité récente avec un(e) ami(e).

Écris **80–90** mots en **français**. Réponds à chaque aspect de la question.

In pairs. Read this pupil's response and answer the questions.

1 Has the pupil covered all four bullet points in his answer? Find out how many pieces of information he gives for each bullet point.
2 How many opinions does the pupil express? How many reasons does he include? Find examples.
3 The pupil uses sequencers to structure his writing. Which sequencers does he use? Note them down.
4 The pupil includes two different tenses in his answer. Find three present tense verbs and three perfect tense verbs that he uses.
5 The pupil uses two sentences containing negatives. Find the sentences and note them down. What do they mean?

J'aime le sport et les jeux vidéo. J'aime aussi écouter de la musique.

Je vais au club d'informatique et le mercredi, je joue au rugby. J'adore ça parce que c'est génial! Le jeudi, je ne fais rien.

Mon meilleur ami, William, est assez petit. Il a les yeux verts et les cheveux blonds. Je m'entends bien avec William parce qu'il est très sympa. Il n'est pas égoïste.

Le weekend dernier, je suis allé en ville avec William. D'abord, j'ai acheté une casquette bleue, puis nous avons fait du bowling. C'était hyper-cool!

Write your own response to the task in exercise 5, using the model text and your answers to exercise 6 for help.

En plus

Imagine ton dimanche idéal!

Qu'est-ce que tu vas faire?

Regarde les photos. Trouve la bonne phrase pour chaque personne. Puis écoute et vérifie.

1 Je vais aller à un parc d'attractions.
2 Je vais faire un pique-nique à la campagne.
3 Je vais aller à la plage.
4 Je vais retrouver mes amis en ville.
5 Je vais rester au lit.
6 Je vais jouer au frisbee au parc.

Écoute. Qu'est-ce qu'ils vont faire? Pour chaque personne, note les deux activités en anglais. (1–5)

En tandem. Parle de ton dimanche idéal. Utilise les images (a ou b).

- *Qu'est-ce que tu vas faire?*
- *D'abord, je vais rester au lit. Ensuite, je vais écouter … Après, …*

	a	b
D'abord, …		
Ensuite, …		
Après, …		
Finalement, …		

G

You use the near future tense to talk about what you are going to do.

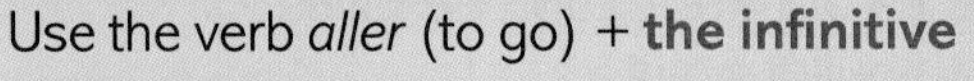

Use the verb *aller* (to go) + **the infinitive**

je vais ***acheter***	I am going to buy
tu vas ***écouter***	you (singular) are going to listen (to)
il/elle/on va ***manger***	he/she is / we are going to eat
nous allons ***regarder***	we are going to watch
vous allez ***rester***	you (plural or polite) are going to stay
ils/elles vont ***nager***	they are going to swim

Décris ton dimanche idéal. Écris un court paragraphe.

D'abord, je vais jouer à des jeux vidéo. Ensuite, …

You can use sequencers (*d'abord, ensuite, puis*, etc.), to describe a series of activities in the future, as well as in the past.

You can often use familiar words and phrases in a different context. What ideas can you come up with for exercise 4?

Écoute et regarde les cartes. C'est quel personnage? Écris la lettre de la bonne carte pour chaque question.

Which character is answering each question (1–5)? Write the letter of the correct card.

1 Qu'est-ce que tu aimes?
2 Qu'est-ce que tu fais comme activités extrascolaires?
3 Ton meilleur ami/Ta meilleure amie est comment?
4 Comment as-tu fêté ton dernier anniversaire?
5 Imagine ton dimanche idéal. Qu'est-ce que tu vas faire?

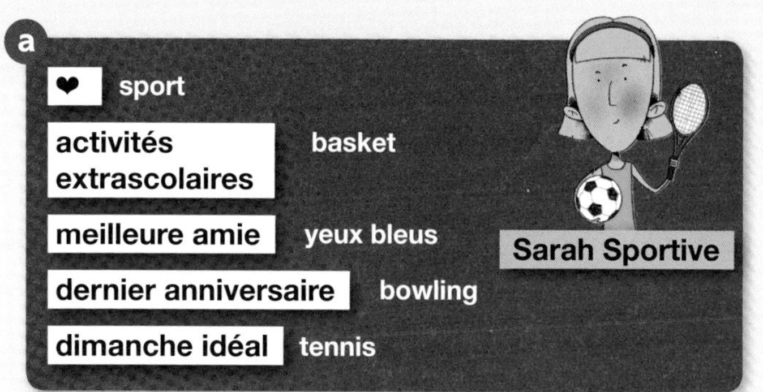

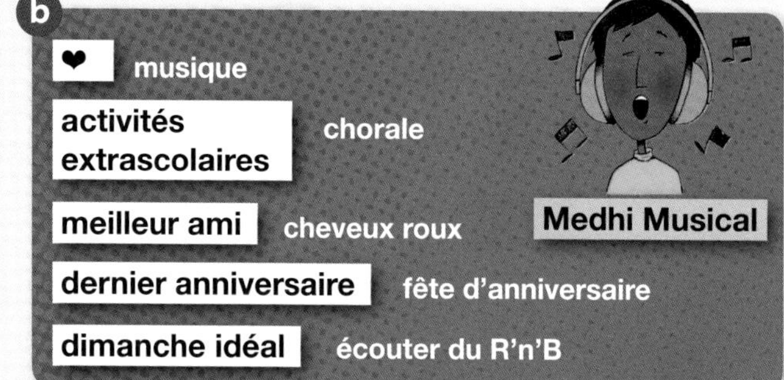

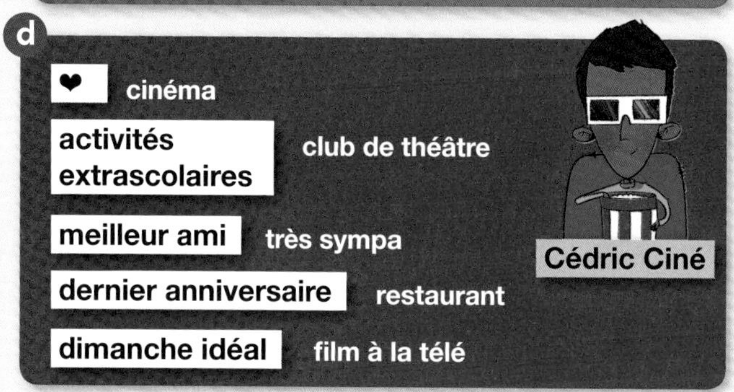

En tandem. Choisis un personnage de l'exercice 5 et fais un dialogue. Utilise les questions de l'exercice 5 et les phrases dans les nuages.

- *Bonjour, Sarah Sportive. Qu'est-ce que tu aimes?*
- *J'aime le sport!*
- *Qu'est-ce que tu fais comme activités extrascolaires?*
- *Je joue au basket.*
- *Ta meilleure amie est comment?*
- …

1 J'aime le/la/les …

2 Je joue … Je chante … Je vais …

3 Il/Elle a les yeux … Il/Elle a les cheveux … Il/Elle est assez / très …

4 J'ai joué … J'ai fait … J'ai mangé … Je suis allé(e) …

5 Je vais jouer … Je vais écouter … Je vais aller … Je vais regarder …

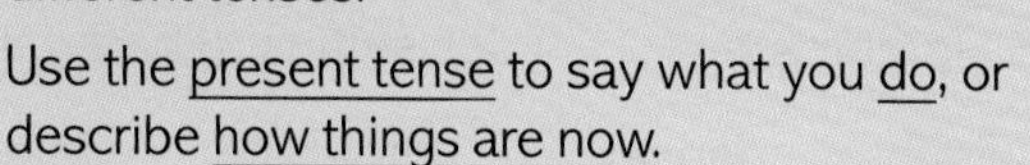

G

Make sure you know when and how to use different tenses.

Use the present tense to say what you do, or describe how things are now.

*Je **chante** dans la chorale. Je **vais** au club de danse. Mon meilleur ami **est** petit.*

Use the perfect tense to say what you did.

***J'ai mangé** du gâteau. **J'ai fait** une fête.*
***Je suis allé(e)** au cinéma.*

Use the near future tense to say what you are going to do.

***Je vais jouer** au foot; **Je vais regarder** un film;*
***Je vais aller** au zoo.*

To check how to form each tense, see pages 127–129.

Page 27

En groupe. Crée une carte pour ton avatar. Puis joue à un jeu de mémoire.

Make your own avatar card. Then, in groups, play a memory game. Your teacher will explain the rules.

Grammaire

aimer, *adorer* and *détester* + noun (Point de départ, page 8)

1 Write sentences using the pictures. Remember to use the correct definite article before the noun.

1 ✓ 

2 ✓✓ 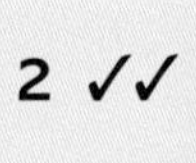 

3 ✓✓✓ 

4 ✗ 

5 ✗✗ 

You can use *aimer*, *adorer* or *détester* + a noun to talk about likes and dislikes.

Unlike in English, you must use a definite article (*le*, *la*, *les*) before the noun.

*J'aime **le** sport.*
*Je n'aime pas **la** télé.*
*Je déteste **les** BD.*

- To check whether the noun is **masculine**, **feminine**, or **plural**, see page 28.

aimer, *adorer* and *détester* + infinitive (Point de départ, page 9)

2 Copy and complete the sentences with the correct infinitive from below. Then make up three more sentences, using the three leftover infinitives.

1 J'aime ______ de la musique. (I like listening to music.)
2 Je n'aime pas ______ la télé. (I don't like watching TV.)
3 J'adore ______ au cinéma. (I love going to the cinema.)
4 J'aime beaucoup ______ du judo. (I really like doing judo.)
5 Je déteste ______ des selfies. (I hate taking selfies.)

aller | danser | écouter | faire | jouer | nager | prendre | regarder

You can also say what you like or don't like doing, by using *aimer*, *adorer* or *détester*, followed by a verb in the **infinitive**.

*J'adore **jouer** au foot.*	I love playing football.
*Je n'aime pas **nager**.*	I don't like swimming.
*Je déteste **faire** mes devoirs.*	I hate doing my homework.

Verbs in the present tense (Unit 1, page 10 and Unit 2, page 12)

3 Copy out the sentences, choosing the correct form of the verb. Then translate the sentences into English.

1 Je **joue / joues / jouons** dans l'équipe de rugby.
2 Tu **chante / chantes / chantent** dans la chorale.
3 Le lundi, je **vais / va / allons** au club de théâtre.
4 Mon ami Luc **joues / joue / jouent** de la guitare.
5 À midi, nous **danse / dansons / dansent**.
6 Le vendredi, je ne **fais / fait / faites** rien.
7 Mon meilleur ami **suis / es / est** assez grand.
8 Il **as / a / avons** les cheveux bouclés.

You use the present tense to say what you do.

For regular *–er* verbs like *jouer*, take *–er* off the infinitive and add the following endings:

jouer (to play)

*je jou**e***	I play
*tu jou**es***	you (singular) play
*il/elle/on jou**e***	he/she plays / we play
*nous jou**ons***	we play
*vous jou**ez***	you (plural or polite) play
*ils/elles jou**ent***	they play

Some verbs are irregular:

aller (to go) ⟶ *je **vais*** (I go)
avoir (to have) ⟶ *j'**ai*** (I have)
être (to be) ⟶ *je **suis*** (I am)
faire (to do) ⟶ *je **fais*** (I do)

To see these verbs in full, see page 129.

The perfect tense (Unit 3, page 14)

4 Change the infinitives in the wordle into past participles. Then use them to write eight sentences to describe your birthday celebration, using the words in the second box.

***Example:* manger ➡ mangé**

J'**ai** mangé du gâteau d'anniversaire.

faire manger écouter ouvrir aller regarder boire jouer

mes cadeaux	mes messages	au laser tag
du gâteau d'anniversaire	du coca	une fête
au cinéma	de la musique	

You use the perfect tense to say what you did or have done.

To form the perfect tense of most verbs, remember the **1–2–3** rule.

You need:

1 a subject pronoun (*je, tu, il,* etc.)

2 part of the verb ***avoir*** (to have)

3 a past participle (e.g. ***mangé***)

1 2 3

*j'**ai** mangé*	I ate
*tu **as** mangé*	you (singular) ate
*il/elle/on **a** mangé*	he/she/we ate
*nous **avons** mangé*	we ate
*vous **avez** mangé*	you (plural or polite) ate
*ils/elles **ont** mangé*	they ate

Some verbs are irregular:

boire ⟶ *j'**ai** **bu*** (I drank)

ouvrir ⟶ *j'**ai** **ouvert*** (I opened)

faire ⟶ *j'**ai** **fait*** (I did)

The verb ***aller*** (to go) uses **être** (not *avoir*).

The past participle must agree with the subject:

1 2 3

*je **suis** **allé(e)*** (I went)

Using the present tense and the perfect tense together (Unit 4, page 17)

5 Copy and complete the sentences using the correct tense of the verb.

Example: Normalement, je **porte** un jean, mais le weekend dernier j'**ai porté** une robe.

1. Normalement, je porte un jean, mais le weekend dernier, _____ une robe.
2. Normalement, je joue au foot, mais le weekend dernier, _____ au tennis.
3. Normalement, _____ avec Marie, mais le weekend dernier, j'ai dansé avec Chloé.
4. Normalement, _____ du judo, mais le weekend dernier, j'ai fait de la gymnastique.
5. Normalement, _____ un hamburger, mais le weekend dernier, _____ une pizza.
6. Normalement, _____ au cinéma, mais le weekend dernier, _____ au théâtre.

- Use the present tense to say what you normally do.
- Use the perfect tense to say what you did.

There are two parts to the present tense, but three parts to the perfect tense:

present tense	perfect tense
Normalement, …	*Le weekend dernier, …*
1 2	1 2 3
*je **porte** …*	*j' **ai** porté …*
*je **regarde** …*	*j' **ai** regardé …*
*je **fais** …*	*j' **ai** fait …*
*je **vais** …*	*je **suis** allé(e) …*

Remember, some verbs, such as *faire* (to do), are irregular.

Also remember, *aller* (to go) uses *être* (not *avoir*) in the perfect tense.

Vocabulaire

Point de départ (pages 8–9)

J'adore …	*I love …*
J'aime …	*I like …*
J'aime beaucoup …	*I like … a lot*
Je n'aime pas …	*I don't like …*
Je déteste …	*I hate …*
le cinéma.	*cinema.*
le sport.	*sport.*
la lecture.	*reading.*
la musique.	*music.*
la télé.	*TV.*
les animaux.	*animals.*
les jeux vidéo.	*video games.*
C'est …	*It's …*
amusant.	*fun.*
génial.	*great.*
intéressant.	*interesting.*
ennuyeux.	*boring.*
nul.	*rubbish.*
J'aime …	*I like …*
Je n'aime pas …	*I don't like …*
aller au cinéma.	*going to the cinema.*
danser.	*dancing.*
écouter du R'n'B.	*listening to R'n'B.*
jouer au basket.	*playing basketball.*
nager.	*swimming.*
regarder des comédies.	*watching comedies.*
surfer sur Internet.	*surfing the internet.*
tchatter.	*chatting (online).*
faire du judo.	*doing judo.*
prendre des selfies.	*taking selfies.*

Unité 1 (pages 10–11) *Qu'est-ce que tu fais comme activités extrascolaires?*

Qu'est-ce que tu fais comme activités extrascolaires?	*What after-school activities do you do?*
Je chante dans la chorale.	*I sing in the choir.*
Je joue au badminton.	*I play badminton.*
Je joue du violon dans l'orchestre.	*I play violin in the orchestra.*
Je fais du théâtre.	*I do drama.*
Je fais de la gymnastique.	*I do gymnastics.*
Je vais au club de danse.	*I go to the dance club.*
Je vais au club d'informatique.	*I go to the computer club.*
Je ne fais rien.	*I don't do anything. / I do nothing.*
Je fais ça …	*I do that …*
le lundi / le mardi.	*on Mondays / on Tuesdays.*
après les cours.	*after lessons.*
à midi.	*at lunchtime.*
avec mon copain / ma copine.	*with my friend.*
avec mes ami(e)s.	*with my friends.*
avec mon équipe.	*with my team.*

Unité 2 (pages 12–13) *Amis pour toujours!*

Je suis …	*I am …*
Mon meilleur ami est …	*My best friend is …*
Ma meilleure amie est …	*My best friend is …*
grand(e).	*tall.*
petit(e).	*small.*
de taille moyenne.	*medium-sized.*
J'ai les yeux …	*I have … eyes.*
Il/Elle a les yeux …	*He/She has ... eyes.*
bleus / gris.	*blue / grey*
marron / verts.	*brown / green*
J'ai les cheveux …	*I have … hair.*
Il/Elle a les cheveux …	*He/She has … hair.*
blonds / bruns.	*blond / brown*
noirs / roux.	*black / red*
courts / longs / mi-longs.	*short / long / medium-length*
bouclés / raides.	*curly / straight*
Il/Elle porte des lunettes.	*He/She wears glasses.*
Je m'entends bien avec …	*I get on well with …*
Je me dispute avec …	*I argue with …*
parce qu'il/elle est	*because he/she is …*
arrogant(e).	*arrogant.*
impatient(e).	*impatient.*
drôle.	*funny.*
égoïste.	*selfish.*
sympa.	*nice.*
timide.	*shy.*
Sur la photo, il y a …	*In the photo there is/are …*
au centre	*in the centre*
à droite	*on the right*
à gauche	*on the left*

Unité 3 (pages 14–15) *Comment as-tu fêté ton anniversaire?*

J'ai regardé mes messages.	*I looked at my messages.*
J'ai mangé du gâteau d'anniversaire.	*I ate birthday cake.*
J'ai joué au laser tag.	*I played laser tag.*
J'ai dansé.	*I danced.*
J'ai bu du coca.	*I drank cola.*
J'ai fait une fête d'anniversaire.	*I had a birthday party.*
J'ai ouvert mes cadeaux.	*I opened my presents.*
Je suis allé(e) au cinéma.	*I went to the cinema.*
J'ai fait une soirée pyjama.	*I had a sleepover.*
C'était …	*It was …*
amusant / génial.	*fun / great.*
hyper-cool.	*really cool.*
marrant / sympa.	*funny / nice.*

Unité 4 (pages 16–17) *Qu'est-ce que tu as fait?*

Qu'est-ce que tu as fait, le weekend dernier?	*What did you do last weekend?*
J'ai mangé au restaurant.	*I ate in a restaurant.*
Je suis allé(e) à un concert.	*I went to a concert.*
Je suis allé(e) à une fête.	*I went to a party.*
Je suis allé(e) au mariage de mon cousin / ma cousine.	*I went to my cousin's wedding.*
Qu'est-ce que tu as porté?	*What did you wear?*
J'ai porté …	*I wore …*
un blouson / un jogging …	*a … jacket / tracksuit.*
un pull / un tee-shirt …	*a … jumper / tee-shirt.*
un sweat à capuche …	*a … hoodie.*
un jean / un pantalon …	*… jeans / trousers.*
une casquette …	*a … cap.*
une chemise …	*a … shirt.*
une jupe / une robe …	*a … skirt / dress.*
une veste …	*a … blazer.*
bleu(e) / noir(e).	*blue / black*
vert(e) / gris(e).	*green / grey*
blanc(he) / violet(te).	*white / purple*
rouge / jaune / rose.	*red / yellow / pink*
orange / marron.	*orange / brown*
des baskets / des bottes …	*… trainers / boots.*
des chaussures …	*… shoes.*
bleues / noires.	*blue / black*
vertes / grises.	*green / grey*
blanches / violettes.	*white / purple*
rouges / jaunes / roses.	*red / yellow / pink*
orange / marron.	*orange / brown*
Normalement, le weekend, je porte …	*Normally at the weekend, I wear …*
Cependant, le weekend dernier, j'ai porté …	*However, last weekend, I wore …*

Les mots essentiels *High-frequency words*

Connectives

et	*and*
mais	*but*
aussi	*also*
cependant	*however*
parce que	*because*
alors / donc	*so, therefore*

Qualifiers

assez	*quite*
très	*very*
un peu	*a bit*

Sequencers

d'abord	*first of all*
ensuite / puis	*then*
après	*afterwards*
finalement	*last of all*

Stratégie

Gender and adjectival agreement

- When you learn a **noun**, try to learn the article too. This will remind you of its gender (masculine or feminine), e.g.
  ***le** cinéma / **la** musique*
  ***un** tee-shirt / **une** chemise*
- When you learn an **adjective**, try to learn both the masculine **and** feminine forms, e.g.
  *Il est **grand**. / Elle est **grande**.*
  *un tee-shirt **blanc** / une chemise **blanche***

Module 2 Projets d'avenir

1 Où travaillent-ils?

1 La boulangère travaille ...

2 Le facteur travaille ...

3 Le serveur travaille ...

4 La fermière travaille ...

5 La policière travaille ...

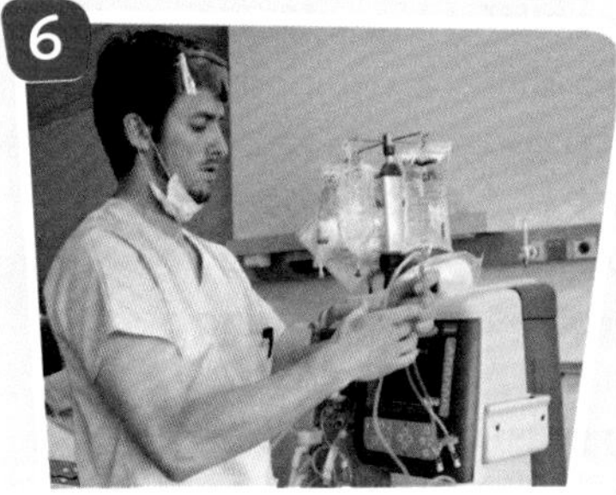
6 L'infirmier travaille ...

au café	au commissariat	à la poste
à la ferme	à l'hôpital	à la boulangerie

Are there any clues that these photos were taken in France and not in the UK?

2 Ils sont célèbres. Quel est leur métier?

1 Le Corbusier

2 Brigitte Bardot

3 Alain Prost

4 Marie Curie

scientifique	architecte	actrice	pilote de formule 1

3 Mets les inventions françaises dans l'ordre chronologique.

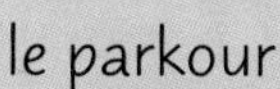

le parkour

la montgolfière

l'aquarium

la calculatrice

le robot Rosa™Brain

le cinéma

What did these French people introduce?

Louis **Braille** Édouard **Michelin** Eugène-René **Poubelle**

4 Regarde les photos. C'est l'invention a ou l'invention b?

1 C'est pour …

a explorer l'estomac. **b** filmer les voisins.

2 C'est pour …

a mesurer les bébés. **b** couper un œuf à la coque.

3 C'est pour …

a écouter de la musique. **b** nettoyer la maison.

4 C'est pour …

a aider dans le jardin. **b** transporter de l'eau.

Point de départ

- Talking about earning money
- Using *on peut* + infinitive to say what people can do

1 Lis le texte. Relie chaque phrase à la bonne image.

4 bonnes idées pour gagner de l'argent!

Qu'est-ce qu'on peut faire pour gagner de l'argent?
Pour gagner de l'argent, ...

1 on peut aider à la maison.
2 on peut aider les voisins.
3 on peut trouver un petit boulot.
4 on peut faire du baby-sitting.

a

b

c

d

les voisins *neighbours*

G

On peut means 'you can' or 'people (in general) can' and is followed by the infinitive.

On peut *gagner de l'argent*. **You can** earn money.

What do the infinitives in exercise 1 mean?

Page 50

2 Écoute et note la lettre de l'exercice 1 et l'opinion en anglais. (1–4)

Exemple: **1** b – difficult

C'est cool. | C'est facile. | C'est sympa. | C'est amusant. | C'est ennuyeux. | C'est difficile.

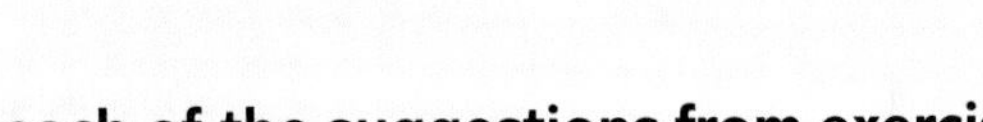

3 In pairs. Take turns to give your opinion on each of the suggestions from exercise 1. Use *je pense que* (I think that ...) and *à mon avis* (in my opinion).

- *Qu'est-ce qu'on peut faire pour gagner de l'argent?*
- *Pour gagner de l'argent, on peut aider à la maison. Je pense que c'est amusant.*
- *Oui, à mon avis c'est cool. / Non, à mon avis c'est ennuyeux.*

4 Lis le texte et réponds aux questions.

Who ...

1. looks after a younger brother?
2. does the cooking?
3. works in a bakery?
4. tidies his/her bedroom?
5. washes the car for a neighbour?
6. doesn't help at home?
7. earns the least?
8. earns the most?

Qu'est-ce que tu fais pour gagner de l'argent?

Je lave la voiture de ma voisine. En plus, je garde ma petite sœur. Je pense que c'est ennuyeux. Je gagne 8 euros par semaine. **WendyG**

Je fais la cuisine et, le lundi, je range ma chambre. Le weekend, je travaille avec une amie. Nous travaillons dans un café. À mon avis, c'est amusant. Je gagne 120 euros par mois. **Charmeur88**

Je n'aide pas à la maison. Je travaille à la boulangerie. Le dimanche, je garde mon petit frère. Je pense que c'est facile. Je gagne 35 euros par semaine. **SammyB**

Re-read the forum. What do the underlined phrases mean?
Match each forum entry with two of the phrases listed in exercise 1.
TRAPS: you need to look for alternative words to do this.

Exemple: **WendyG:** 2, …

Traduis les phrases en français. Adapte les phrases du forum de l'exercice 4.

1 On Sundays, I work in a café.
2 I think it is fun and easy.
3 At the weekend, I look after my little brother.
4 Also, I do the cooking.
5 I earn 12 euros per week.

G

Use the present tense to talk about what you do normally or what you are doing at the moment.

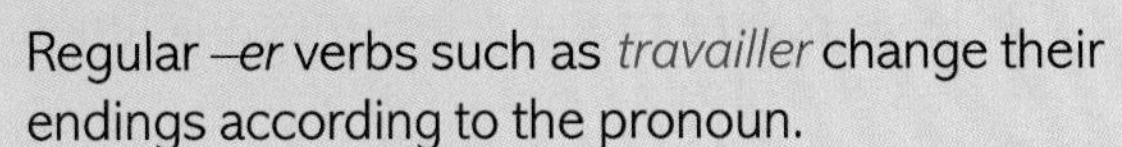

Regular *–er* verbs such as *travailler* change their endings according to the pronoun.

*travaill**er*** (to work)

je *travaill**e***	I work
tu *travaill**es***	you work
il/elle/on *travaill**e***	he/she works / we work
nous *travaill**ons***	we work
vous *travaill**ez***	you work
ils/elles *travaill**ent***	they work

Verbs such as *faire* (to do / make) are irregular: you need to learn them.

je ***fais*** I do / make *tu* ***fais*** you do / make

Écoute. Regarde les images. Copie et complète le tableau en anglais. (1–4)

Qu'est-ce que tu fais pour gagner de l'argent?

Combien est-ce que tu gagnes?

	activity	earnings	surprise question
1	c		

a 

b 

c 

d 

En tandem. Discute du jeu de rôle et prépare des notes. Puis écoute et fais le jeu de rôle trois fois. Attention: il y a une question-surprise différente dans chaque jeu de rôle. (1–3)

Tu parles de l'argent avec un(e) ami(e) français(e).

- pour gagner de l'argent – 2 activités
- aider à la maison – quand
- combien tu gagnes
- !
- ? la cuisine – opinion

What information does this bullet ask for? Note down what you will say.

What does **!** mean? Think of some questions you might hear, and consider how you could reply.

Start with *J'aide à la maison le …*, then add a day of the week.

Start your answer with *Je gagne …* Try to pronounce *euros* correctly.

What does **?** mean? Work out the question you need to ask in English. Keep it simple, e.g. 'Do you like cooking?' Formulate your question in French and note it down.

Qu'est-ce que tu veux faire comme métier?

- Talking about what job you want to do and why
- Using *vouloir* + infinitive to say 'I want to …'

Relie chaque phrase à la bonne image.

Qu'est-ce que tu veux faire comme métier?

1 Je veux être scientifique.
2 Je veux être pilote.
3 Je veux être mécanicien/mécanicienne.
4 Je veux être danseur/danseuse.
5 Je veux être acteur/actrice.
6 Je veux être dessinateur/dessinatrice.
7 Je veux être infirmier/infirmière.
8 Je veux être policier/policière.
9 Je veux être ingénieur/ingénieure.

In pairs. Using your knowledge of pronunciation rules, take turns to read aloud both forms of each job noun.

Stress the final syllable when you are pronouncing cognates: *pil**ote**, dan**seur**, ac**trice***.

Écoute et note la bonne image de l'exercice 1 et l'opinion en anglais. (1–9)

C'est …	varié.
	dangereux.
	passionnant.
	ennuyeux.
	pratique.
	fatigant.
	bien payé.

Some job nouns have masculine and feminine forms:

danseur	**male** dancer	*danseuse*	**female** dancer
infirmier	**male** nurse	*infirmière*	**female** nurse

When saying which job you want to do, don't use *un* or *une* before the job:

Je veux être scientifique. I want to be **a** scientist.

En tandem. Pose les questions sur les métiers de l'exercice 1 et donne des réponses.

- *Est-ce que tu veux être scientifique?*
- *Oui! C'est pratique et passionnant. / Non! C'est ennuyeux.*

Use the correct form of the job, depending on whether your partner is a boy or a girl.

G

vouloir (to want)

je veux	I want
tu veux	you want
il/elle/on veut	he/she wants / we want
nous voulons	we want
vous voulez	you want
ils/elles veulent	they want

Vouloir is followed by the **infinitive**:

*Je **veux être** pilote.* I want to be a pilot.

Page 50

Read the article and note in English which job each person wants to do, and three reasons each person gives.

Qu'est-ce que tu veux faire comme métier?

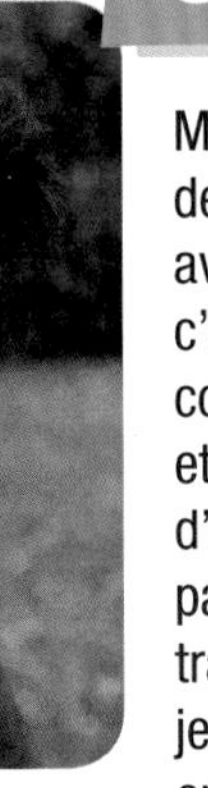

Évan

Moi, je veux être dessinateur car à mon avis, c'est créatif, mais c'est aussi pratique. Ma cousine est dessinatrice et elle gagne beaucoup d'argent. C'est bien payé. Je veux aussi travailler seul parce que je n'aime pas travailler en équipe.

Louna

Ma sœur est scientifique et elle travaille seule dans un petit labo. Mais moi, je ne veux pas travailler seule car c'est ennuyeux. Je veux être infirmière dans un grand hôpital et je veux aider les autres. Ce n'est pas bien payé, mais c'est très varié. En plus, j'aime beaucoup travailler en équipe.

Car is a useful synonym for ***parce que*** (because).

Écoute les interviews (1–3). Pour chaque interview:

a Put the English questions into the right order.
  i **What** do you want to do as a job?
  ii **Who** do you want to work **with**?
  iii **Why** do you want to do this job?

b Listen again and make notes in English on the answers they give.

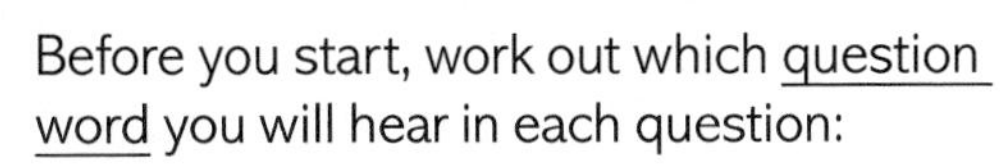

Before you start, work out which question word you will hear in each question: ***pourquoi***, ***avec qui*** or ***que***.

En tandem. Prépare une interview avec Jade ou Robin.

- *Qu'est-ce que tu veux faire comme métier?*
- ▪ *Je veux être …*
- *Avec qui est-ce que tu veux travailler?*
- ▪ *Je veux travailler …*
- *Pourquoi est-ce que tu veux faire ce métier?*
- ▪ *Je veux être … parce que …*

name:	**Jade**
job:	**mechanic**
with:	**a team**
reason:	**practical, well paid**

name:	**Robin**
job:	**teacher**
with:	**children**
reason:	**creative, wants to help others**

Je veux être …	mécanicien(ne).
	professeur(e).
	pilote.
Je veux travailler …	seul(e).
	en équipe.
	avec des enfants.
	avec des animaux.
C'est …	bien payé.
	créatif.
	pratique.
	varié.
Je veux aider les autres.	

Veux rhymes with *deux* and *peut*. Make sure you distinguish clearly between *je* ***veux*** (I want) and *je* ***vais*** (I am going).

Écris tes propres réponses aux questions de l'exercice 7. Utilise *et*, *parce que* et *car* pour lier tes phrases.

Je m'appelle Harry et je veux être pilote.
Je veux travailler …

2 Qu'est-ce que tu vas faire à l'avenir?

- Talking about what you are going to do in the future
- Using the near future tense

Lis et trouve les verbes (1–6) en français. Puis écris des phrases en français.

1 I am going to be … **2** I am going to have … **3** I am going to go … **4** I am going to do … **5** I am going to live … **6** I am going to buy …

Écoute et note en anglais la réponse de chaque personne. (1–6)

En groupe. Utilise les phrases de l'exercice 1.

- Brainstorm vocabulary which you could substitute for the underlined words below.
- Then take turns to ask and answer the question. Use the words in the yellow and blue boxes from exercise 1 or use your own words.

- *Qu'est-ce que tu vas faire à l'avenir?*
- *À l'avenir, je vais avoir deux enfants et je vais habiter en France, …*

Écoute. Copie et complète le tableau en anglais. (1–3)

	when	future plans	doesn't plan to …
1			

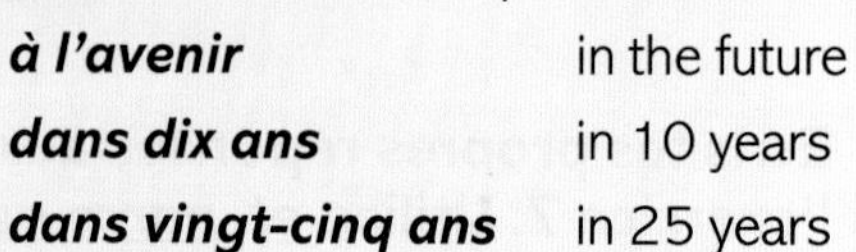

Listen for negatives with ***ne … pas*** and for future time expressions:

à l'avenir	in the future
dans dix ans	in 10 years
dans vingt-cinq ans	in 25 years

5 Lire

Lis l'article. Identifie et corrige les deux phrases qui sont fausses.

Qu'est-ce que tu vas faire à l'avenir?

À l'avenir, je vais être actrice ou danseuse. Je vais être très célèbre et je vais gagner beaucoup d'argent. Mais je ne vais pas habiter en France. Je vais acheter une grande maison aux États-Unis. Je vais aussi avoir trois ou quatre enfants. À mon avis, ce sera fantastique. **Sophie**

À l'avenir, je vais faire du travail bénévole parce que c'est sympa. Je vais habiter en France, mais je vais aussi voyager en Afrique ou en Amérique du Sud. Cependant, je ne vais pas avoir d'enfants. Je ne vais pas être riche, mais je vais être heureux. Je pense que ce sera très cool. **Samuel**

ce sera *it will be*

1 Sophie va être riche.
2 Elle va habiter en France.
3 Elle va avoir des enfants.
4 Samuel va habiter en Europe.
5 Il ne va pas avoir d'enfants.
6 Il va être riche et heureux.

TRA**P**S

In exercise 5, look out for negative near future verbs with ***ne … pas***.

G

The near future tense is used to talk about what is going to happen in the future.

Use the verb *aller* (to go) + the infinitive.

je vais habiter	*nous allons habiter*
tu vas habiter	*vous allez habiter*
il/elle/on va habiter	*ils/elles vont habiter*

*Je **vais habiter** en France.*	I am going to live in France.
*Elle **va être** riche.*	She is going to be rich.

ne … pas forms a sandwich around *aller* to make the verb negative:

*Je **ne** vais **pas avoir** d'enfants.*
I am **not** going to have children.

Page 50

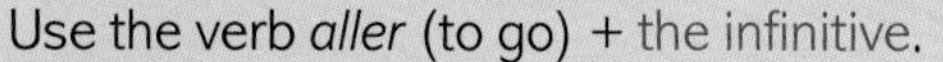

6 Écrire

Écris un paragraphe sur ton avenir.

Utilise:
- les verbes en jaune de l'exercice 1 et des verbes à la forme négative
- des expressions comme ***à l'avenir*** et ***dans dix ans***
- des conjonctions comme ***ou*** (or), ***aussi*** (also) et ***mais*** (but).

À l'avenir, je vais habiter en Espagne ou en Suisse. Je vais aussi avoir deux enfants, mais je ne vais pas être riche. Dans 10 ans, ...

7 Écouter

Lis les phrases de la chanson et trouve la bonne fin pour chaque phrase. Puis écoute, vérifie et chante.

À l'avenir, ce sera fantastique,

1 Je vais être …	**a** en Chine ou en Amérique.
2 Je vais habiter …	**b** le prix Nobel de physique.
3 Je vais avoir …	**c** président de la République.
4 Je vais aller …	**d** dix enfants et dix domestiques.
5 Je vais gagner …	**e** les 100 mètres aux Jeux Olympiques.
6 Je vais faire …	**f** sur la Lune en tapis magique.

Athlète? Prix Nobel? Dix enfants? Président?

Mais oui, quand les poules auront des dents!

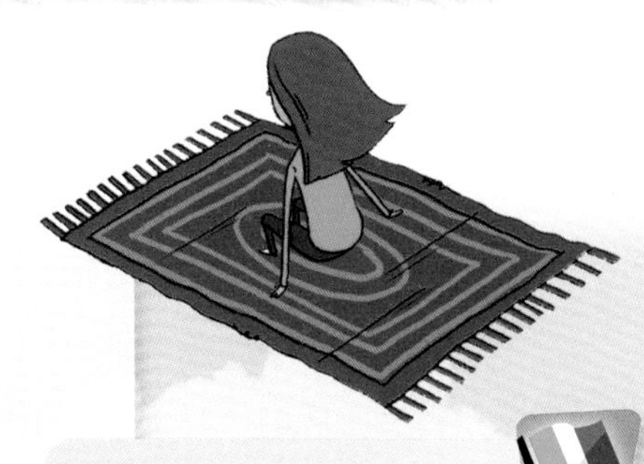

Quand les poules auront des dents means 'when hens have teeth'. Can you think of the equivalent English proverb for something that is never likely to happen?

Au travail, les robots!

- Talking about what you did yesterday
- Using the perfect tense with *ne … pas*

Écoute et lis. C'est RoboMaison (RM) ou Marianne (M)? (1–12)

Qu'est-ce que tu as fait hier?

RoboMaison: robot domestique

J'ai rangé les chambres.

J'ai préparé les repas.

J'ai travaillé dans le jardin.

J'ai gardé les enfants.

J'ai fait la vaisselle.

Je suis allée au supermarché.

Je n'ai pas regardé la télé.

Marianne: propriétaire du robot

J'ai joué aux jeux vidéo.

Je n'ai pas aidé à la maison.

Je ne suis pas allée au supermarché.

Je suis restée à la maison et **j'ai bu** un café avec ma copine.

Relis le texte de l'exercice 1 et traduis les verbes en gras en anglais.

Exemple: *j'ai rangé* – I tidied

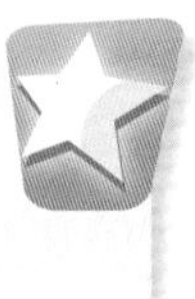

When you are translating negative perfect tense verbs, you need to use the word didn't.

Écoute les robots (1–4). Écris des notes en anglais:

- what each robot did
- what he/she didn't do.

G

Remember the 1–2–3 rule to form the perfect tense:

1 a subject pronoun (*je, tu, il*, etc.)

2 part of the verb ***avoir*** (to have) or ***être*** (to be)

3 a past participle (e.g. ***aidé***, ***fait***, ***allé(e)***).

1 2 3

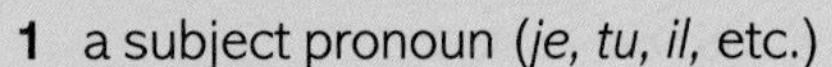

*j'**ai** **préparé***

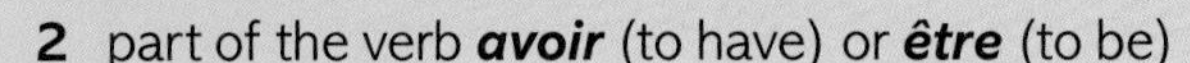

*je **suis** allé**(e)***

To make a perfect tense verb negative, put ***ne … pas*** around the part of *avoir* or *être*:

*je **n'**ai **pas** regardé* I **didn't** watch

*je **ne** suis **pas** allé(e)* I **didn't** go

Page 51

En tandem. Prépare les réponses puis fais les conversations.

1 Robot

- *Qu'est-ce que tu as fait hier?*
- ✓ ✗

2 Propriétaire

- *Qu'est-ce que tu as fait hier?*
- ✓ ✗

5 **Lis l'article. Décide si chaque phrase est vraie (V) ou fausse (F).**

LES ROBOTS

Nom: RoboProf

Type de robot: robot éducatif

Lieu de travail: à l'école

Ce que tu as fait hier: Hier, j'ai travaillé à l'école. D'abord, j'ai rangé les salles de classe et ensuite, j'ai préparé le café pour les profs. Après, j'ai servi les repas à la cantine et l'après-midi, j'ai fait la vaisselle. Cependant, je n'ai pas aidé les enfants en classe. À mon avis, c'était très ennuyeux.

Nom: RoboMédo

Type de robot: robot médical

Lieu de travail: à l'hôpital

Ce que tu as fait hier: Hier, je ne suis pas restée à la maison. J'ai aidé les infirmiers et les médecins à l'hôpital. Cependant, je n'ai pas donné de médicaments. D'abord, j'ai examiné les patients. Après, j'ai aidé à deux opérations. Je pense que c'était très varié.

1 RoboProf est resté à la maison.
2 Il a aidé à la cantine.
3 Il a travaillé avec les enfants.
4 RoboMédo a travaillé à l'hôpital.
5 Elle a donné des médicaments.
6 Elle a examiné les patients.

TRAPS: Watch out for ***ne … pas*** in the texts.

6 **Relis le texte de RoboProf et trouve les mots en français.**

yesterday — first of all — then — afterwards — in the afternoon — however — it was …

7 **Écoute. Copie et complète le tableau en anglais. (1–2)**

	yesterday morning	yesterday afternoon	opinion
1 Robo-Pépé			
2 Hector			

8 **Write two accounts of what you did yesterday, including some expressions from exercise 6 and some negative verbs.**

1 You <u>are</u> a robot.

Je m'appelle RoboDynamo et je suis un robot. Hier, j'ai aidé à la maison. D'abord, j'ai …

2 You <u>have</u> a robot.

Je m'appelle Sarah et j'ai un robot. Hier, je n'ai pas aidé à la maison. D'abord, je suis allée …

4 Des ados entreprenants

- Talking about different ways of making money
- Using two tenses together

Écouter 1 Écoute et lis les phrases. Puis, en anglais, écris sept faits sur Lucie.

a Je m'appelle Lucie et j'ai 14 ans.

b J'habite à Montréal, au Canada.

c J'adore jouer au foot.

d Pour gagner de l'argent, j'ai une chaîne YouTube sur le foot.

e Je poste des vidéos sur le foot féminin.

f J'ai plus de 500 000 abonnés.

g En ce moment, ma copine et moi, nous faisons une vidéo sur la Coupe du Monde féminine de football. C'est super.

sur *about*

Écouter 2 Écoute les interviews et note les réponses aux questions (1–3) pour Victor et Léa. (1–2)

1 Où habites-tu?
a en France **b** en Belgique **c** en Algérie

2 Qu'est-ce que tu fais pour gagner de l'argent?
a Je fais des bracelets. **b** Je cultive des légumes. **c** J'ai un blog.

3 Qu'est-ce que tu fais en ce moment?
a J'écris un poste. **b** Je vends mes produits. **c** Je poste des vidéos.

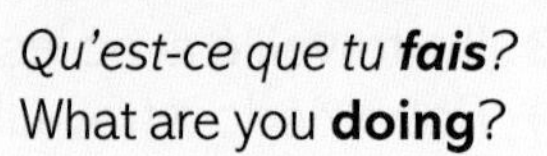

The verb *faire* can mean 'to do' **or** 'to make'.
*Qu'est-ce que tu **fais**?*
What are you **doing**?
*Nous **faisons** une vidéo.*
We **are making** a video.

Parler 3 En tandem. Choisis Clara ou Martin. Prépare la conversation avec ton/ta partenaire.

- Où habites-tu? *J'habite …*
- Qu'est-ce que tu fais pour gagner de l'argent?
- Qu'est-ce que tu fais en ce moment?

Use *sur* to mean 'about'.

name	**Clara**	**Martin**
country	France	Canada
how earns money	has a YouTube channel about sport	makes cakes
current activity	posting a video about skiing	selling cakes at school

J'habite en … / au … .			
J'ai	un blog une chaîne YouTube	sur	le sport. la musique. le ski.
Je fais des vidéos			
J'écris un poste			
Je poste une vidéo			
Je fais	des bracelets. des gâteaux.		
Je vends	des bracelets des gâteaux		en ligne. au collège.

Lis l'interview et réponds aux questions en anglais.

Des ados entreprenants: Pierre, 15 ans, martiniquais

1 **Pierre, qu'est-ce que tu fais pour gagner de l'argent?**
Le weekend, j'achète des bouteilles d'eau au supermarché et puis je vends l'eau aux touristes.
En ce moment, je gagne beaucoup d'argent parce qu'il y a souvent un grand bateau de croisière au port.

2 **Qu'est-ce que tu fais à la maison pour gagner de l'argent?**
Tous les jours je fais la vaisselle avec ma sœur et nous gagnons deux euros par semaine. Demain soir, je vais garder mes petits frères parce que ma mère va sortir.

3 **Qu'est-ce que tu veux faire comme métier? Pourquoi?**
Je veux être ingénieur parce que c'est varié. Je veux aider les autres, mais je ne veux pas travailler seul.

4 **Et qu'est-ce que tu vas faire à l'avenir?**
À l'avenir, je vais avoir une chaîne YouTube sur la Martinique. Je vais être riche et je vais acheter une grande maison pour ma mère.

a What does Pierre do to earn money at the weekend? (2 marks)
b Why is he earning a lot of money at the moment? (1 mark)
c What do he and his sister do every day at home and how much do they earn? (2 marks)
d What does he say about his little brothers? (2 marks)
e Which job does he want to do and which three reasons does he give? (4 marks)
f Which three things is he going to do in the future? (3 marks)

Time expressions help you understand texts. Find these time expressions in the interview:

in the future *tomorrow night*
at the moment *at the weekend*
every day

Read the text from exercise 4 again. What examples of the present tense and the near future tense can you spot?

G

Present tense verbs consist of a noun or pronoun + a conjugated verb:

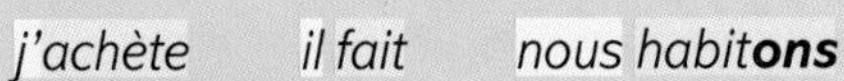

j'achète *il fait* *nous habit**ons***

Near future tense verbs consist of a noun or pronoun + part of *aller* + the infinitive:

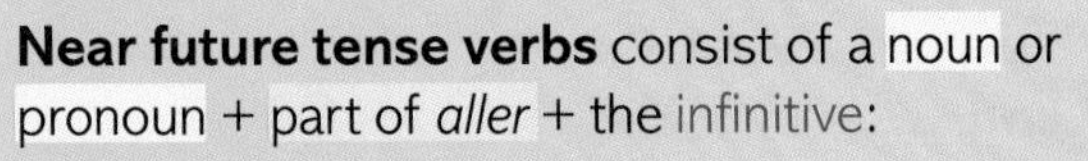

je vais acheter *il va faire* *nous allons habiter*

Page 51

Écoute et note en anglais les réponses aux quatre questions de l'interview de l'exercice 4 pour Annie. (1–4)

Invent your own French-speaking teenager. Write an interview with him/her, using the four questions from the interview in exercise 4. Include:

- two different tenses (present and near future)
- one or two negatives using *ne … pas*
- some of the time phrases from Pierre's interview.

Bilan

P

I can ...

- say what you can do to earn money .... *On peut aider les voisins.*
- say what I do to earn money .... *Je lave la voiture.*
- say how much I earn .... *Je gagne 8 euros par semaine.*
- use ***on peut*** with the **infinitive** .... ***On peut trouver*** *un petit boulot.*

1

I can ...

- ask somebody which job they want to do .... *Qu'est-ce que tu veux faire comme métier?*
- talk about which job I want to do .... *Je veux être infirmier/infirmière.*
- say why I want to do that job .... *parce que c'est varié, car je veux travailler en équipe*
- use masculine and feminine forms of jobs .... *danseur/danseuse, mécanicien/mécanicienne*
- use the verb ***vouloir*** with the **infinitive** .... *je veux, il veut, nous voulons être … / travailler …*

2

I can ...

- say what I am going to do in the future .... *Je vais habiter à l'étranger.* *Je vais être riche.*
- say what I am not going to do in the future .... *Je ne vais pas avoir d'enfants.*
- recognise and translate ***ce sera*** .... ***Ce sera*** *fantastique.*
- use the **near future tense** .... ***Je vais avoir*** *trois enfants.* ***Il va acheter*** *une Porsche.*

3

I can ...

- say what I did yesterday .... *J'ai aidé à la maison. J'ai fait la vaisselle.*
- say what I didn't do .... *Je n'ai pas rangé les chambres.*
- use the perfect tense with ***ne … pas*** .... *Je* ***n'****ai* ***pas*** *regardé la télé.* *Je* ***ne*** *suis* ***pas*** *allé(e) au supermarché.*

4

I can ...

- talk about different ways of making money .... *J'ai une chaîne YouTube.* *Je vends des bracelets.*
- use the **near future tense** and the **present tense** together .... *Je* ***vends*** *de l'eau. Je* ***vais gagner*** *beaucoup d'argent.*

Révisions

1 Copy and complete the sentences with the correct verb from the box.

1 Je ______ dans le jardin.
2 J' ______ les voisins.
3 Je ______ du baby-sitting.
4 Je ______ 10 euros par semaine.

fais	aide
gagne	travaille

2 In pairs. Take turns to point to a job symbol. Your partner says he or she wants to do that job in French.

Example: Je veux être infirmier/infirmière.

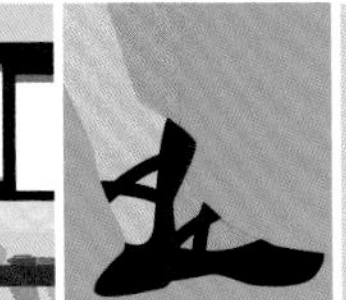

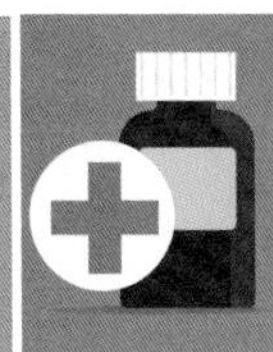
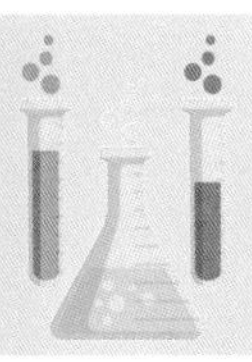

Get set

3 Copy and complete each sentence with any ending (a–d) that makes sense. Then translate the sentences.

1 On peut avoir …
2 On peut trouver …
3 On peut faire …
4 On peut vendre …

a un petit boulot.
b des légumes.
c une chaîne YouTube.
d des bracelets.

4 These sentences don't make sense. Correct them by changing the underlined word(s). Then write two more nonsensical sentences of your own for your partner to correct.

1 Je veux être pilote car je veux travailler avec des enfants.
2 Je veux être dessinatrice parce que ce n'est pas créatif.
3 Il veut être ingénieur, mais c'est dangereux.

Go!

5 In pairs. Take turns to ask and answer the question, using the diagram to produce as many different answers as you can.

Qu'est-ce que tu vas faire à l'avenir?

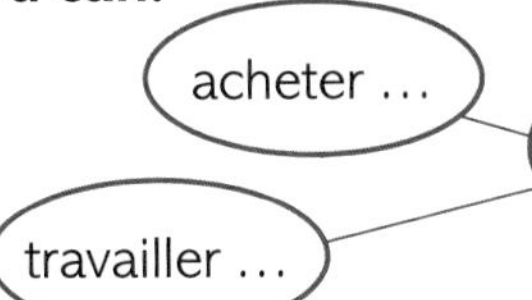

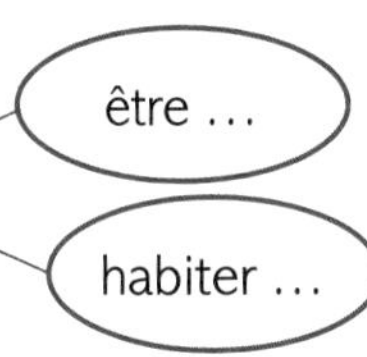

6 Yesterday you had a lazy day. Use *ne … pas* to make each verb negative.

Example: Hier, je n'ai pas fait …

7 In pairs. Sort the verbs into three groups: present, past or future.

je gagne	je vais aller	je vais faire	je vais travailler
je suis allé(e)	j'ai gagné	j'ai travaillé	je fais
je travaille	je vais gagner	je vais	j'ai fait

En focus 1: lire et écouter

1 Read the online forum about future plans.

Louise Je vais être vétérinaire ici à Paris parce que j'adore les animaux.

Karim Je vais être riche car je veux acheter une grande maison et une belle voiture pour mes parents.

Amaury Je veux faire du travail bénévole car, à mon avis, l'argent n'est pas important.

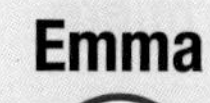

Emma Je ne vais pas rester en France avec mon petit copain. Nous allons habiter aux États-Unis parce que j'adore parler anglais.

Who says what about their future plans? Choose Louise, Amaury, Karim or Emma. You can use each person more than once.

1 wants to do voluntary work.
2 thinks money is important.
3 is going to work with animals.
4 is going to stay in France.
5 wants to buy things for the family.
6 is going to live abroad.

Read the whole sentence and watch out for negatives. For example, you might see the word *important* in somebody's text, but that doesn't automatically mean that statement 2 applies to him/her.

2 Read the magazine article, then choose the four true statements.

Alison Sonnet (24 ans) est infirmière. L'année dernière, elle a travaillé en Grèce où elle a aidé des réfugiés. Après, elle est rentrée en France et en ce moment elle travaille dans un grand hôpital à Paris. Elle adore son métier car c'est pratique et elle aime travailler en équipe. À l'avenir, elle ne va pas avoir beaucoup d'argent, mais elle va être heureuse car elle peut aider les autres.

a	Alison is a nurse.
b	Last year she had a holiday in Greece.
c	She now works in France.
d	She works in a small hospital.

e	She dislikes her job.
f	She enjoys teamwork.
g	In the future she is going to be rich.
h	She likes helping others.

3 Your French friend has sent you some information about earning money. Translate the sentences into English.

1 Tous les samedis, je travaille dans un grand supermarché.
2 Je n'aime pas aider à la maison car c'est très ennuyeux.
3 Dimanche dernier, j'ai fait du baby-sitting avec une copine.
4 Nous avons gagné dix euros, mais ma copine n'aime pas les enfants.
5 Elle a regardé la télé et j'ai joué avec les deux enfants.

Look at the words highlighted in orange. Make sure you think about these when translating.

Read the text and choose the correct option to complete each statement.

«Faire le clown, j'ai toujours adoré ça!»

Je travaille dans le petit cirque de mes parents.
On présente notre spectacle le mercredi et le weekend.

Le métier que je préfère, c'est être clown. J'ai commencé à l'âge de trois ans. Plus tard, je vais continuer dans la comédie au cinéma car j'adore faire le comique et j'invente moi-même mes sketchs.

Ce que j'adore aussi, c'est découvrir de nouvelles villes. C'est passionnant.

Julien, 13 ans

1 Julien works in his parents' … **circus / theatre / cinema**.
2 They put on shows at weekends and on … **Mondays / Wednesdays / Fridays**.
3 He has been working **for three years / since he was three / for ages**.
4 Later he is going to work … **in films / on TV / as an artist**.
5 He finds travelling **tiring / fun / exciting**.

This exercise is based on an authentic text from a real French magazine, so don't expect to understand everything. The English statements help you focus on the parts of the text you need.

Watch out for cognates in the text. Remember that cognates sometimes look almost like the English word, rather than exactly the same.

Tu entends ton ami français parler des métiers avec ses amis. Qu'est-ce qu'ils pensent? Écris P (opinion positive), N (opinion négative) ou P+N (opinion positive et négative). (1–5)

Elsa is talking about her adult life. Choose the correct option to complete each sentence.

		a	b	c	d
1	During the day, Elsa works in a …	school.	hospital.	garage.	shop.
2	When she gets home, she …	cooks.	cleans.	looks after the baby.	relaxes.
3	In the evenings, she makes …	jewellery.	videos.	clothes.	cakes.
4	In the future, she plans to …	buy a house.	get a new job.	have a bigger family.	move abroad.

TRAPS

Listen for **A**lternative ways of expressing the same idea. For example, 'I am a teacher' expresses the same idea as 'I work in a school'.

You hear a teenager talking on French radio. What does he say about earning money? Copy and complete the grid in English.

in the past	at the moment	in the future
	makes cakes, …	

TRAPS

Listen for time phrases and verb tenses so you know where in the grid to write your answer.

En focus 2: parler et écrire

Boîte à outils Answering questions

Listen carefully to the question. Listen for:

- the **question word**: what do these words mean? *Où? Combien? Que?/Qu'est-ce que? Pourquoi?*
- the **verb tense**: past, present or future?
- helpful **time phrases**: which tense do these time phrases indicate?
  récemment, l'année dernière, en ce moment, tous les jours, à l'avenir

In **role plays**, make your answers **short and accurate**.

In **conversations**, give **extended answers** by:

- giving at **least three pieces of information** in your answer
- giving **reasons** for your answer using *parce que* and car
- giving **opinions** using *à mon avis / je pense que / je trouve que*.

1 En tandem. Regarde le jeu de rôle et discute en anglais. Puis prépare et note tes réponses.

Tu parles d'argent avec ton ami(e) français(e).

- Ton petit boulot – où
- Salaire – combien
- **?** Aider à la maison
- À l'avenir – un projet
- **!**

You don't always use the exact words on the card in your response. Here, say *Je travaille dans* …

To ask the question, use Est-ce que tu … ? and the correct form of the verb aider (to help).

Should you use *tu* or *vous* in this role play?

Use the French for 'I earn …'.

Which tense should you use?

Think of some questions you might hear, and how you could reply.

2 Écoute et fais le jeu de rôle de l'exercice 1 trois fois. Utilise tes notes. Attention: il y a une question-surprise différente dans chaque jeu de rôle. (1–3)

3 En tandem. Conversation. Traduis les questions en anglais. Puis prépare tes réponses aux questions et répète la conversation avec ton/ta partenaire.

1 Qu'est-ce que tu fais pour gagner de l'argent?

Je lave la voiture, je travaille dans le jardin et je vends des légumes au marché. À mon avis c'est bien payé, mais c'est fatigant.

Give at least three different pieces of information and some opinions.

2 Qu'est-ce que tu vas faire à l'avenir?

À l'avenir, je vais avoir des enfants et je vais être riche et heureux. Mais je ne vais pas habiter en France.

Use *je vais* + infinitive. Say two or three different things. Include a negative to show off your knowledge.

3 Qu'est-ce que tu veux faire comme métier, et pourquoi?

Je veux être infirmier ou policier parce que j'aime aider les autres et parce que je veux travailler en équipe.

Use *je veux être* + job. Use *ou* (or) to give a couple of options. Use *car* or *parce que* + reasons.

4 Translate the sentences into French.

'a' is not needed in French.

Je veux + infinitive

ce n'est pas

Pour gagner de l'argent

Use the near future tense *je vais* + infinitive.

1 I want to be a teacher.
2 It is exciting but it is not well paid.
3 To earn money I help at home.
4 In the future I am going to live abroad.
5 I am going to buy a big house and I am going to have three children.

5 In pairs. Look at the writing task and work out:

1 the overall subject from the heading
2 what you should write about for each bullet point
3 which bullet point refers to
a your opinion; **b** the past; **c** the present; **d** the future.

Tu écris un blog sur l'argent et ton avenir.

Décris:

- tes activités pour gagner de l'argent
- ce que tu as fait hier à la maison
- le métier que tu vas faire à l'avenir
- le travail bénévole – ton opinion.

Écris **80–90** mots en **français**. Réponds à chaque aspect de la question.

6 In pairs. Read this pupil's response and answer the questions.

Pour gagner de l'argent, j'ai un petit boulot. Le weekend, je travaille dans un café et je gagne vingt-cinq euros par semaine. Je pense que c'est très amusant.

Hier, j'ai rangé ma chambre, et puis j'ai préparé le déjeuner. Après, j'ai fait la vaisselle avec mon frère.

À l'avenir, je vais être mécanicien parce que je veux travailler en équipe. Cependant, ce n'est pas bien payé.

Je ne veux pas faire de travail bénévole car, à mon avis, c'est fatigant et difficile. Mais j'aime aider les autres.

1 Has the pupil covered all four bullet points in his answer? Count how many pieces of information he gives for each bullet point.
2 Find these opinion phrases that the pupil uses:
I think that … in my opinion …
3 The pupil tries not to repeat vocabulary. Find the four different adjectives he uses.
4 The pupil includes three different tenses. Find two present tense verbs, two perfect tense verbs and one near future tense verb that he uses.
5 The pupil includes some more complex structures. Find and note down his phrases using:

je veux + infinitive | *j'aime* + infinitive | negatives with *ne … pas*

6 The pupil uses a variety of time phrases and connectives. Find these words:

at the weekend	yesterday	and then	afterwards
in the future	because (×2)	however	

7 Write your own response to the task in exercise 5, using the model text and your answers to exercise 6 for help.

En plus

Écoute et lis le poème.

1 Ce matin, je mange du pain.
Demain, je vais manger de la barbe à papa.

2 Ce matin, je bois de l'eau.
Demain, je vais boire du jus de fruits exotiques.

3 Ce matin, je marche dans le parc.
Demain, je vais marcher sur la Lune.

4 Ce matin, je fais mes devoirs.
Demain, je vais faire le tour du monde.

5 Ce matin, je suis seule …
Demain, tu vas être avec moi.

la barbe à papa	*candy floss*
sur la Lune	*on the moon*

Ce matin and *demain* are really useful phrases. What do they mean?

Relis le poème. Écris les verbes anglais dans l'ordre du poème.

Exemple: **1** I am eating … I am going to eat …

I am doing …	you are going to be …
I am drinking …	I am going to walk …
I am walking …	I am going to do …
I am eating …	I am going to drink …
I am …	I am going to eat …

Relis le poème et complète chaque phrase de l'exercice 2 en anglais.

Exemple: **1** I am eating bread. I am going to eat candy floss.

En tandem. Discute du thème du poème.

- *Quel est le thème du poème?*
- *Je pense que le thème du poème, c'est …*

Lis le poème à haute voix. Puis enregistre le poème.

Using the structure and verbs from the poem, write your own version by changing the underlined sentence endings. Finish your poem with the two final lines from the original poem.

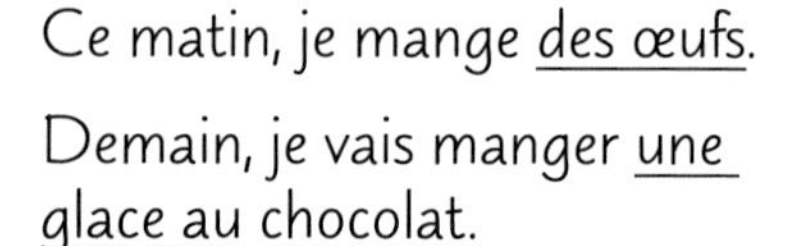

7 **Lis l'article et trouve les expressions (1–8) en gras dans le texte.**

1 social worker **2** to continue my studies **3** I love my job **4** air steward

5 to earn more money **6** in the office **7** later **8** I like languages

Zoom sur les métiers

Je suis **steward**. Je suis calme, poli et patient. J'aime mon métier car j'adore travailler en équipe.

La semaine dernière, je suis allé à Rome en Italie. Mais je n'ai pas visité la ville – je suis resté à l'hôtel.

Demain, je vais voyager en Pologne. Ce sera intéressant parce que **j'aime les langues**.

Plus tard, je veux travailler pour Air France car je veux **gagner plus d'argent**.

Je suis **assistante sociale**. Je suis patiente, intelligente et sympa. **J'adore mon métier** parce que j'aime aider les autres.

Demain, je ne vais pas travailler **au bureau**. Je vais rendre visite à une famille où il y a un très jeune bébé.

Hier, je suis restée au bureau et j'ai téléphoné aux patients.

Plus tard, je veux **continuer mes études** car je veux être psychologue.

8 **Relis l'article. Copie et complète la carte d'identité pour chaque personne en anglais.**

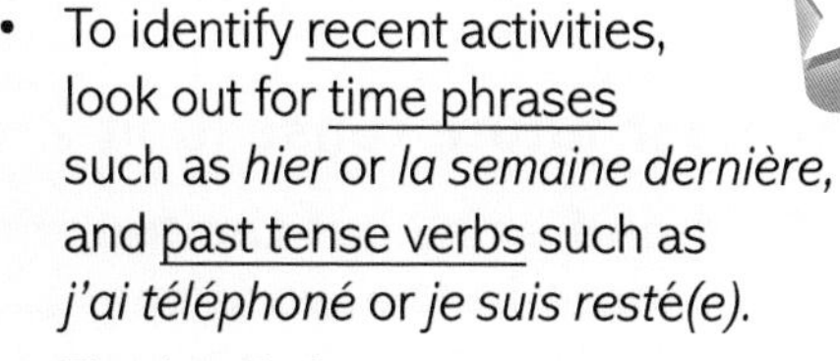

name:	**recent activities:**
job:	**future activities:**
personal qualities:	**wants to:**
opinion of job + reason:	

- To identify recent activities, look out for time phrases such as *hier* or *la semaine dernière*, and past tense verbs such as *j'ai téléphoné* or *je suis resté(e).*
- To identify future activities, look out for time phrases such as *demain* and future tense verbs such as *je vais voyager* or *ce sera.*
- To identify what people want to do, look for *je veux* + infinitive (e.g. *je veux travailler*).

9 **Écoute. Copie et complète la carte d'identité de l'exercice 8 pour Maria et Anthony. (1–2)**

10 **En tandem. Imagine que tu fais le métier de ton choix. Note tes réponses aux questions. Puis fais la conversation avec ton/ta partenaire.**

- *Comment t'appelles-tu?*
- *Qu'est-ce que tu fais comme métier?*
- *Tu es comment?*
- *Pourquoi est-ce que tu aimes ton métier?*
- *Qu'est-ce que tu as fait récemment?*
- *Qu'est-ce que tu vas faire demain?*
- *Qu'est-ce que tu veux faire plus tard?*

- *Je m'appelle …*
- *Je suis* (+ job)
- *Je suis* (+ adjectives)
- *J'aime mon métier parce que …*
- *Hier, j'ai travaillé …*
- *Demain, je vais travailler …*
- *Plus tard, je veux travailler …*

Grammaire

pouvoir and *vouloir* (Point de départ, page 32 and Unit 1, page 34)

1 Copy and complete the sentences with the correct infinitive from the box. Then translate the sentences into English.

être aller aider écouter gagner travailler

1 On peut ______ de l'argent.
2 Je veux ______ mécanicien.
3 Elles veulent ______ au cinéma.
4 Nous pouvons ______ de la musique.
5 Il ne veut pas ______ dans le jardin.
6 Est-ce que tu peux ______ les voisins?

2 Translate the sentences into French.

1 I want to help the neighbours.
2 She can work in the garden.
3 We want to earn money.
4 I don't want to be a mechanic.
5 I can't go to the cinema.
6 Do you want to listen to music?

	pouvoir (to be able)	***vouloir*** (to want)
je	*peux* (I can)	*veux* (I want)
tu	*peux*	*veux*
il/elle/on	*peut*	*veut*
nous	*pouvons*	*voulons*
vous	*pouvez*	*voulez*
ils/elles	*peuvent*	*veulent*

Modal verbs are followed by the **infinitive**.
*Je veux **aider** à la maison.*
I want **to help** at home.

For negative verbs, *ne … pas* forms a sandwich around the modal verb.

*Je **ne** veux **pas** aider à la maison.*
I **don't want** to help at home.

Pouvoir can be translated as 'can'.
***Elle peut** gagner de l'argent.*
She can earn some money.

The near future tense (Unit 2, page 37)

3 Find and write out the four near future tense sentences in the word snake.

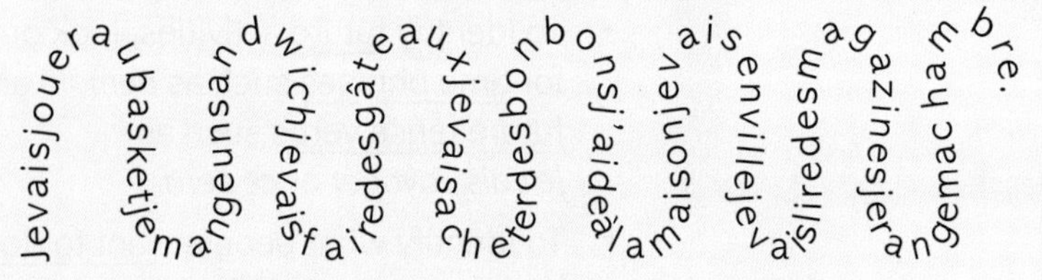

4 Copy and complete the French translation of each sentence.

1 *I am going to buy a moped.*
Je ______ acheter une Mobylette.
2 *We are going to eat a cake.*
______ allons ______ un gâteau.
3 *I am not going to have two dogs.*
Je ______ vais ______ avoir deux chiens.
4 *He is not going to live in France.*
Il ne ______ pas ______ en France.
5 *Are you going to go abroad?*
Est-ce que tu ______ aller à l'étranger?

To talk about what is going to happen in the future, you use the near future tense. It is formed with part of the verb ***aller*** + an **infinitive**.

*je **vais** acheter*	I am going to buy
*tu **vas** acheter*	you are going to buy
*il/elle/on **va** acheter*	he/she is going / we are going to buy
*nous **allons** acheter*	we are going to buy
*vous **allez** acheter*	you are going to buy
*ils/elles **vont** acheter*	they are going to buy

For negative verbs, *ne … pas* forms a sandwich around the part of *aller*.

*Il **va** être heureux.*
He is going to be happy.
*Il **ne** **va** **pas** être **heureux**.*
He is not going to be happy.

Using negatives with the perfect tense (Unit 3, page 38)

5 Juliette and her family had a lazy day yesterday. Translate her sentences into English.

1 Je n'ai pas fait mes devoirs.
2 Ma mère n'a pas rangé les chambres.
3 Mon père n'a pas préparé le dîner.
4 Ma sœur n'est pas allée au supermarché.
5 Mes frères n'ont pas travaillé dans le jardin.
6 Nous n'avons pas aidé les voisins.

6 Make each verb negative by putting *ne … pas* around the part of *avoir* or *être*.

Example: **1** je **n'**ai **pas** regardé

1 j'ai regardé	**5** nous avons préparé
2 j'ai visité	**6** il a mangé
3 j'ai vu	**7** elle est restée
4 je suis allé	**8** tu as écouté

Perfect tense verbs have three parts. Remember the **1–2–3** rule.

1 a person or subject pronoun (*je, tu, il*, etc.)
2 part of *avoir* or *être*
3 a **past participle**

*j'ai **mangé**, nous avons **gagné***

To make verbs negative, put ***ne … pas*** around the part of *avoir* or *être*.

*je **n'**ai **pas** **mangé**, nous **n'**avons **pas** **gagné***

ne shortens to *n'* before a vowel.

When you are translating, use the word 'didn't'.

Je n'ai pas mangé. I didn't eat.

Using the present and the near future tenses together (Unit 4, page 41)

7 Use the information in the grid to write six sentences about now and in the future.

Example: **1** En ce moment, il habite en France, mais à l'avenir, il va habiter au Canada.

	pronoun (verb)	**en ce moment**	**à l'avenir**
1	il (habiter)		
2	je (travailler)		
3	elle (faire)		
4	il (avoir)	(enfants)	(enfants)
5	nous (habiter)		
6	je (être)		+

The present tense is used to talk about what is happening now or what usually happens.

Verbs consist of a noun or pronoun + a conjugated verb: *je mange, elle boit.*

There are two ways of translating the present tense into English:

je mange I eat / I am eating
elle boit she drinks / she is drinking

The near future tense is used to talk about what is going to happen in the future.

Use a noun or pronoun + part of *aller* + the **infinitive**.

*je vais **manger*** I am going to eat
*elle va **boire*** she is going to drink

Vocabulaire

Point de départ (pages 32–33)

Pour gagner de l'argent, on peut ...	*(In order) to earn money, you can ...*
aider à la maison.	*help at home.*
aider les voisins.	*help the neighbours.*
trouver un petit boulot.	*find a part-time job.*
faire du baby-sitting.	*do babysitting.*
Qu'est-ce que tu fais pour gagner de l'argent?	*What do you do (in order) to earn money?*
Je lave la voiture.	*I wash the car.*
Je garde mon petit frère.	*I look after my little brother.*
Je garde ma petite sœur.	*I look after my little sister.*
Je range ma chambre.	*I tidy my room.*
Je travaille dans un café.	*I work in a café.*
Je travaille à la boulangerie.	*I work at the bakery.*
Je fais la cuisine.	*I do the cooking.*
Je gagne 8 euros par semaine / par mois.	*I earn 8 euros a week / a month.*

Unité 1 (pages 34–35) *Qu'est-ce que tu veux faire comme métier?*

Qu'est-ce que tu veux faire comme métier?	*What job do you want to do?*
Je veux être ...	*I want to be a(n) ...*
scientifique.	*scientist.*
pilote.	*pilot.*
ingénieur/ingénieure.	*engineer.*
danseur/danseuse.	*dancer.*
acteur/actrice.	*actor/actress.*
dessinateur/dessinatrice.	*designer.*
infirmier/infirmière.	*nurse.*
policier/policière.	*police officer.*
mécanicien/mécanicienne.	*mechanic.*
C'est ...	*It is ...*
créatif.	*creative.*
dangereux.	*dangerous.*
ennuyeux.	*boring.*
fatigant.	*tiring.*
passionnant.	*exciting.*
pratique.	*practical.*
varié.	*varied.*
bien payé.	*well paid.*
Je veux ...	*I want ...*
travailler seul(e).	*to work on my own.*
travailler en équipe.	*to work in a team.*
travailler avec des enfants / animaux.	*to work with children / animals.*
aider les autres.	*to help others.*

Unité 2 (pages 36–37) *Qu'est-ce que tu vas faire à l'avenir?*

Qu'est-ce que tu vas faire à l'avenir?	*What are you going to do in the future?*
Je vais habiter ...	*I am going to live ...*
à l'étranger.	*abroad.*
Je vais acheter ...	*I am going to buy ...*
une grande maison.	*a big house.*
une Ferrari rouge.	*a red Ferrari.*
Je vais être ...	*I am going to be ...*
célèbre.	*famous.*
heureux/heureuse.	*happy.*
Je vais avoir ...	*I am going to have ...*
cinq enfants.	*five children.*
Je vais aller ...	*I am going to go ...*
à New York.	*to New York.*
en Chine.	*to China.*
Je vais faire du travail bénévole.	*I am going to do voluntary work.*
à l'avenir	*in the future*
dans dix ans	*in 10 years*
dans vingt-cinq ans	*in 25 years*
Ce sera ...	*It will be ...*
cool / fantastique.	*cool / fantastic.*

Unité 3 (pages 38–39) *Au travail, les robots!*

Qu'est-ce que tu as fait hier?	*What did you do yesterday?*
J'ai gardé les enfants.	*I looked after the children.*
J'ai joué aux jeux vidéo.	*I played video games.*
J'ai préparé les repas.	*I prepared the meals.*
J'ai rangé les chambres.	*I tidied the bedrooms.*
J'ai travaillé dans le jardin.	*I worked in the garden.*
J'ai fait la vaisselle.	*I did the washing-up.*
J'ai bu un café.	*I drank a coffee.*
Je suis allé(e) au supermarché.	*I went to the supermarket.*
Je suis resté(e) à la maison.	*I stayed at home.*
Je n'ai pas aidé à la maison.	*I didn't help at home.*
Je n'ai pas regardé la télé.	*I didn't watch TV.*
Je ne suis pas allé(e) au supermarché.	*I didn't go to the supermarket.*
hier	*yesterday*
d'abord	*first of all*
ensuite	*then*
après	*afterwards*
l'après-midi	*in the afternoon*
cependant	*however*
C'était …	*It was …*

Unité 4 (pages 40–41) *Des ados entreprenants*

Je m'appelle …	*My name is …*
J'ai 14 ans.	*I am 14 years old.*
J'habite …	*I live …*
J'adore …	*I love …*
J'ai une chaîne YouTube sur …	*I have a YouTube channel about …*
Je poste des vidéos sur …	*I post videos about …*
J'ai plus de … abonnés.	*I have more than … subscribers.*
Nous faisons une vidéo sur …	*We are making a video about …*
Je fais …	*I make/am making …*
des bracelets.	*bracelets.*
des gâteaux.	*cakes.*
Je cultive des légumes.	*I grow/am growing vegetables.*
J'ai un blog.	*I have a blog.*
Je vends mes produits …	*I sell/am selling my products …*
en ligne.	*online.*
au collège.	*at school*
J'écris un poste.	*I write/am writing a post.*
Qu'est-ce que tu fais pour gagner de l'argent?	*What do you do (in order) to earn money?*
Qu'est-ce que tu fais à la maison pour gagner de l'argent?	*What do you do at home (in order) to earn money?*
Qu'est-ce que tu veux faire comme métier?	*What job do you want to do?*
Pourquoi?	*Why?*
Qu'est-ce que tu vas faire à l'avenir?	*What are you going to do in the future?*

Stratégie

Look out for patterns when you learn new vocabulary. They can help you decode words and remember spelling.

- Lots of job titles end in *–eur* in the masculine form, e.g. *ingénieur* – engineer, *dessinateur* – designer
- *-ant* on the end of an adjective in French often corresponds to *-ing* in English, e.g. *passionnant* – exciting, *fatigant* – tiring

Module 3 Ma vie en musique

1 Ils jouent de quel instrument?

1 

2 

3 

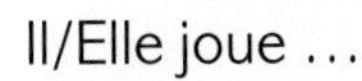

Il/Elle joue ...

- du violon
- du piano
- de la batterie
- de la guitare
- de la trompette

4 

5 

2 De quels pays du monde francophone viennent ces types de musique?

1	2	3
Le jazz traditionnel ...	La musique de la harpe celtique ...	Le zouk ...

a vient de Bretagne, en France.
b vient de la Nouvelle-Orléans, aux États-Unis.
c vient de Guadeloupe et de Martinique, aux Antilles.

Did you know ...?

The town of New Orleans in Louisiana was founded by the French. It was sold by the Emperor Napoleon to the USA in 1803! The old town still has a strong French flavour.

3 Écoute. À ton avis, c'est quel genre de musique? (1–6)

C'est …

du hip-hop
de la techno
du R'n'B
du jazz
de la musique classique
du hard rock

4 Associe chaque photo à la bonne description.

Les chanteurs francophones du passé

1 Édith Piaf

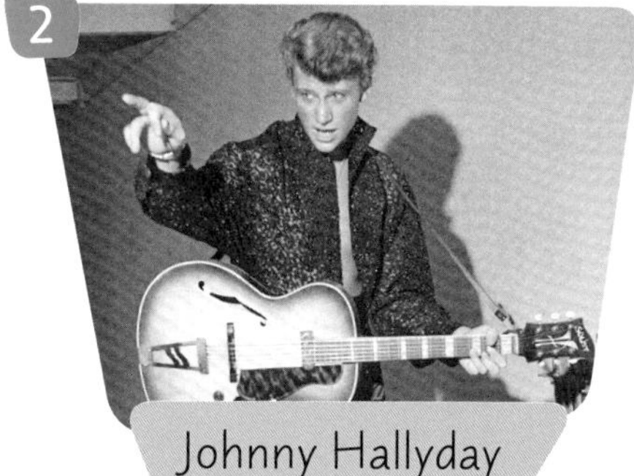
2 Johnny Hallyday

3 Jacques Brel

a C'était un chanteur de rock français. C'était 'l'Elvis français'.
b C'était une chanteuse française. Elle a chanté la chanson *La vie en rose.*
c C'était un chanteur belge. Il a chanté la chanson *Ne me quitte pas.*

French teenagers often listen to pop songs in English, to help them learn the language. Try watching some French pop videos to see how much you understand.

5 Qui est-ce?

Les chanteurs francophones du présent

1

2

3

a C'est le rappeur Maître Gims. Il est né en République Démocratique du Congo.
b C'est Louane. Elle a participé au concours télévisé *The Voice: la plus belle voix.*
c C'est Zaz, une chanteuse française. Son tube à ne pas rater est *Je veux.*

Point de départ

- Talking about songs and musical instruments
- Using adjectival agreement

Écouter 1 Écoute la musique et les opinions. Trouve la bonne fin de chaque phrase. (1–4)

Exemple: **1** b

Est-ce que tu aimes la chanson? Pourquoi (pas)?

1 J'aime la chanson parce que …
2 Je n'aime pas la chanson parce que …
3 J'adore la chanson parce que …
4 Je déteste la chanson parce que …

a … **le chanteur** est bon.
b … **le rythme** est intéressant.
c … **la mélodie** est nulle.
d … **la chanson** est démodée.

Écouter 2 Écoute et note les détails en anglais (1–4):

a what they comment on (tune, rhythm, etc.)
b their opinion (boring, fun, etc.).

G

All nouns in French (not just people) are masculine or feminine.

Most adjectives change their ending to 'agree' with the noun.

masculine	feminine
amusant	*amusant**e***
intéressant	*intéressant**e***
démodé	*démodé**e***
bon	*bon**ne***
nul	*nul**le***
*ennuy**eux***	*ennuy**euse***

*J'adore la chanson parce que **le chanteur** est bon.*

*Je déteste la chanson parce que **la chanteuse** est nulle.*

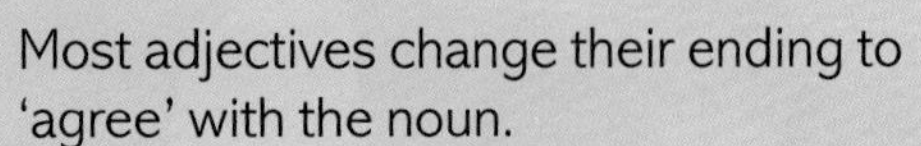

Page 74

Parler 3 En tandem. Écoute la chanson. Puis discute avec ton/ta camarade.

- *Est-ce que tu aimes la chanson?*
- *Oui, j'aime la chanson.*
- *Pourquoi?*
- *Parce que la mélodie est amusante. Tu es d'accord?*
- *Oui, je suis d'accord. / Non, je ne suis pas d'accord. Je déteste la chanson parce que le rythme est ennuyeux.*

Lire 4 Lis le forum. Copie et complète le tableau pour chaque personnne.

	favourite song	artist	reason(s)	extra details
1	Fragile			

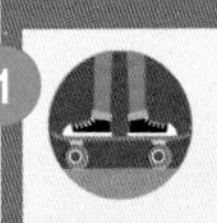

1 Ma chanson préférée, c'est *Fragile* par le chanteur Soprano parce que la mélodie est super et parce que j'adore les paroles. J'écoute la musique de Soprano en streaming. **Jamel**

2 Ma chanson préférée, c'est *Teré, Teré*, par le groupe Toofan. J'aime cette chanson parce que le rythme est hyper-cool. Ça me donne envie de danser! **Adèle**

3 Ma chanson préférée, c'est *Je veux* parce que c'est une chanson amusante et très originale. J'adore la musique de Zaz! J'ai une playlist de ses chansons sur mon portable. **Mathis**

les paroles *words, lyrics*
ça me donne envie de … *it makes me want to …*

To say 'I like Drake's music' in French, you have to say:
*J'aime la musique **de** Drake.* (I like the music of Drake.)

Quelle est ta chanson préférée et pourquoi? Écris un court paragraphe. Adapte les textes de l'exercice 4.

Ma chanson préférée, c'est ... par le chanteur/ la chanteuse / le groupe ... parce que ...

Écoute et regarde l'image. C'est qui? (1–5)
Which band member is being described each time? Write the correct letter.

Il/Elle chante.

Il joue ... / Elle joue ...
- **du** piano / **du** clavier.
- **du** saxo(phone).
- **du** violon.
- **de la** batterie.
- **de la** flûte.
- **de la** guitare (électrique).
- **de la** trompette.
- **de la** clarinette.

Lis les paroles de la chanson. Devine les mots qui manquent. Puis écoute et vérifie.

Je m'appelle Xavier et je joue du **1** .
Dans un groupe qui s'appelle Bruit Infernal
Dans le groupe, il y a Juliette qui joue de la **2** .
Puis il y a aussi Théo qui joue du **3**
Et mon ami Omar qui joue de la **4** .
Finalement, il y a Marie qui joue de la **5** .
Et quand nous jouons ensemble,
On dit que ça ressemble
À un bruit infernal!

In exercise 7, the missing words are musical instruments that rhyme with the band members' names. The words for most instruments are cognates, but pay attention to how you pronounce them.

Décris la photo. Copie et complète les phrases, puis lis la description à haute voix.

Sur la photo, il y a un groupe.
Dans le groupe, il y a une **1** et deux **2** .
À gauche, il y a une fille qui **3** . Elle a les cheveux **4** .
À droite, il y a un garçon qui **5** . Il porte **6** .
Au fond, **7** .

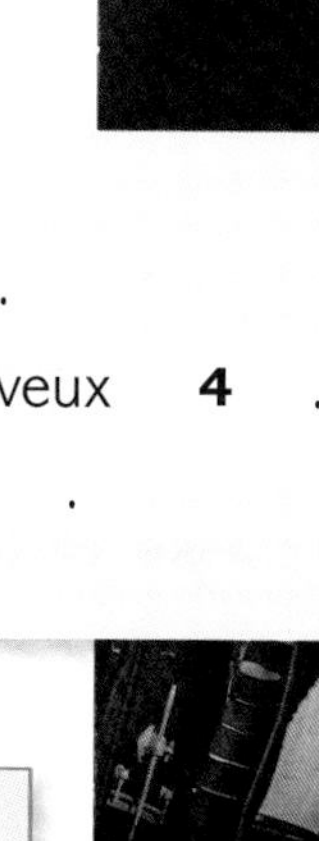

qui	*who*

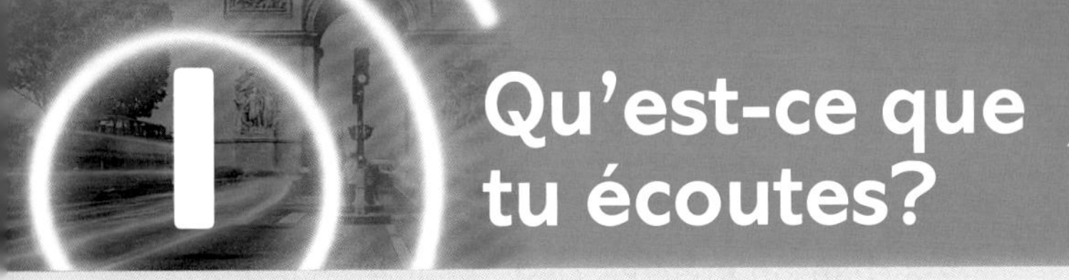

1 Qu'est-ce que tu écoutes?

- Discussing your musical preferences
- Using the comparative

Écoute et lis. Pour chaque personne, note en anglais la musique qu'il/elle aime.

Qu'est-ce que tu aimes comme musique?

Les jeunes francophones et la musique

1 **Yousef, en Algérie**

J'adore le R'n'B parce que le rythme est cool. Cependant, j'aime aussi le raï – c'est une musique traditionnelle arabe.

2 **Eva, au Québec**

J'aime toutes sortes de musique – le rap, la techno – et la musique classique! À mon avis, c'est très relaxant.

3 **William, en Côte d'Ivoire**

J'aime un peu de tout, mais j'aime beaucoup la musique zouglou – c'est une musique traditionnelle ivoirienne et c'est très original.

Some singers and bands use modern versions of traditional music from French-speaking countries in their songs: for example, *zouk* (from Martinique and Guadeloupe), *raï* (from Algeria) and *zouglou* from Ivory Coast. Try listening to some of them online.

Écoute. Copie et complète le tableau. (1–4)

	Listens to music how often?	Likes what kind of music? Why?	Dislikes what? Why?
1	often		

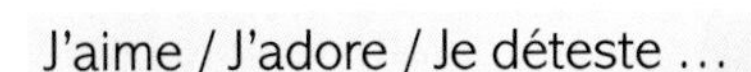

J'aime / J'adore / Je déteste …

le hip-hop	**la** musique classique
le jazz	**la** musique traditionnelle
le rap	**la** techno
le R'n'B	
le reggae	
le rock	

Use expressions of frequency to say how often you do things.

tout le temps	all the time
souvent	often
parfois	sometimes
de temps en temps	occasionally, from time to time
ne … jamais	never

J'écoute souvent de la musique. (I often listen to music.)

Ne … jamais is a negative and goes around the verb.

*Je **n'**écoute **jamais** de jazz.* (I **never** listen to jazz.)

En groupe. Fais un sondage de classe. Note les résultats.

- *Est-ce que tu écoutes souvent de la musique?*
- *Oui, parfois. J'adore le hip-hop parce que c'est amusant.*
- *Qu'est-ce que tu n'aimes pas écouter?*
- *Je n'aime pas la techno parce que c'est …*

Écoute et lis les opinions. Que veut dire chaque phrase en anglais?

1 Le rap est **plus** intéressant **que** le R'n'B.

2 La techno est **plus** amusante **que** le rock.

3 La musique classique est **plus** relaxante **que** le hip-hop.

4 À mon avis, le jazz est **plus** original **que** le rap.

5 Pour moi, le R'n'B est **meilleur que** la musique traditionnelle.

G

You use the comparative to compare two or more things.

plus + adjective + ***que***
more … than …

The adjective must agree with the first noun mentioned.

La techno *est plus originale que le rap.*
Techno is more original than rap.

Le R'n'B *est plus intéressant que le jazz.*
R'n'B is more interesting than jazz.

meilleur/meilleure que means 'better than'.

Page 74

En tandem. Tu es d'accord ou pas d'accord avec les opinions de l'exercice 4? Discute avec ton/ta camarade.

- *Le rap est plus intéressant que le R'n'B. Je suis d'accord. Et toi?*
- *Oui, je suis d'accord. / Non, je ne suis pas d'accord. À mon avis, …*

Pour moi,	le R'n'B	est	plus amusant que	le hip-hop.
À mon avis,			meilleur que	
	la musique classique		plus amusante que	
			meilleure que	

Lis le blog. Chaque phrase en anglais est vraie (V) ou fausse (F)?

Je m'entends bien avec ma meilleure copine, Clarisse. Cependant, elle joue de la flûte dans l'orchestre du collège et pour Clarisse, la musique classique est plus intéressante que le R'n'B. Je ne suis pas d'accord! Je n'écoute jamais de musique classique parce que c'est ennuyeux. **Noémie**

J'aime beaucoup mon amie, Noémie, parce qu'elle est très sympa. Cependant, je me dispute avec Noémie parce qu'elle adore le R'n'B. À mon avis, c'est complètement nul! Pour moi, la musique classique est meilleure que le R'n'B parce que c'est plus original. **Clarisse**

1 Noémie and Clarisse usually get on well.
2 They have the same musical tastes.
3 Noémie never listens to classical music.
4 Clarisse enjoys listening to R'n'B.
5 Clarisse prefers classical music to R'n'B.

Traduis les phrases en français.

Use the definite article before the noun. (This also applies in questions 4 and 5.)

The word order in French is: 'I listen often to music'.

1 I love rap and hip-hop.
2 I don't like jazz because it's boring.
3 I often listen to music.
4 Hip-hop is more interesting than classical music.
5 In my opinion, techno is more fun than R'n'B.

Use the comparative: *plus* + adjective + *que …*

Techno is feminine, so what do you need to add to the adjective?

2 De jeunes réfugiés

- Describing future plans
- Using two time frames (present and near future)

Écoute et lis. Trouve la bonne fin de chaque phrase. Puis traduis les phrases en anglais.

Exemple: **1** d

La chorale d'enfants du monde

Je m'appelle Farida. Je suis réfugiée d'Iraq et je suis membre de la chorale d'enfants du monde! L'été prochain, je vais faire une tournée avec la chorale. Voici mon plan ...

1 Je vais visiter ...
2 Je vais voyager ...
3 Je vais chanter ...
4 Je vais écrire ...
5 Je vais prendre ...

a beaucoup de photos.
b en avion et en car.
c un blog sur la tournée.
d les États-Unis et le Canada.
e toutes sortes de chansons dans des concerts.

Écoute Mohamed qui joue dans un orchestre de jeunes réfugiés. Qu'est-ce qu'il va faire? Choisis les bonnes réponses.

1 Je vais faire une tournée ...
- **a** la semaine prochaine.
- **b** l'été prochain.
- **c** l'année prochaine.

2 Je vais visiter l'Italie et ...
- **a** l'Angleterre.
- **b** l'Espagne.
- **c** la Hollande.

3 Je vais voyager en ...
- **a** train.
- **b** voiture.
- **c** ferry.

4 Je vais ...
- **a** jouer du violon.
- **b** jouer de la trompette.
- **c** chanter.

5 Je vais écrire ...
- **a** un article.
- **b** une publicité.
- **c** un blog.

6 Je vais prendre des photos ...
- **a** du concert.
- **b** de mes amis.
- **c** des monuments.

Qu'est-ce que tu vas faire?

You use the near future tense to say what you are going to do.

Use part of the verb *aller* (to go) + the infinitive.

je vais chanter
tu vas voyager
il/elle/on va visiter
nous allons écrire
vous allez faire
ils/elles vont prendre

Je vais chanter dans un concert.
I am going to sing in a concert.

Nous allons visiter l'Espagne.
We are going to visit Spain.

Page 74

En tandem. Fais deux conversations. Utilise les idées a ou b.

- *Qu'est-ce que tu vas faire l'année prochaine?*
- *Je vais faire une tournée avec l'orchestre. Je vais visiter l'Espagne et ...*

a	l'année prochaine	l'orchestre						Mon blog
b	la semaine prochaine	la chorale						

4 Read the blog. Is the verb in each English sentence in the correct tense? Correct the verbs that are in the wrong tense.

Je m'appelle Hekmat. Je suis réfugié. Je viens de Syrie, mais j'habite maintenant en Suisse.

J'adore la musique. Je joue de la flûte et du oud – c'est un instrument traditionnel arabe. À l'avenir, je vais être musicien professionnel et je vais jouer dans un orchestre.

J'aime beaucoup habiter en Suisse. Cependant, je suis parfois triste parce que ma famille habite en Syrie. Après la guerre, je vais voyager en Syrie, pour revoir ma famille.

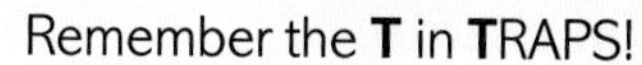

je viens de …	*I come from …*
triste	*sad*
la guerre	*the war*

1 Hekmat **lives** in Switzerland.
2 He **is going to play** two musical instruments.
3 He **is** a professional musician.
4 He **likes** living in Switzerland.
5 Sometimes, he **is going to be** sad.
6 After the war, he **is going to travel** to Syria.

Remember the **T** in **T**RAPS!

In exercises 4 and 5, you have to pay attention to the **T**ense of the verbs.

Which verbs are in the present tense?

Which verbs are in the near future tense?

Read the questions carefully before you answer!

5 Écoute Fatima, une jeune réfugiée du Yémen. Réponds aux questions en anglais. (1–4)

1 **a** Where does Fatima come from?
  b Where does she live now?
2 With whom does Fatima play the violin?
3 What is Fatima going to do in the future?
4 **a** Where is Fatima going to visit next year?
  b What is she going to do there?

6 Imagine que tu es Abdoul ou un autre musicien de ton choix. Écris un texte. Utilise les détails ci-dessous.

name	Abdoul
comes from	Iraq
now lives in	France
plays	violin and guitar
next year going to	visit USA, by plane
going to	play in orchestra, write blog

Je m'appelle …
Je viens du/de/d'/des …
J'habite (en/au/aux) …
Je suis membre d'…
  un orchestre.
  une chorale.
  un groupe de musique.
Je chante …
Je joue du … / de la …

L'été prochain,
L'année prochaine,
je vais faire …
je vais visiter …
je vais voyager …
je vais chanter …
je vais jouer …
je vais écrire …
je vais prendre …
À l'avenir, je vais être …

Remember, you need to use the present tense to say what you do now, and the near future tense to describe your future plans.

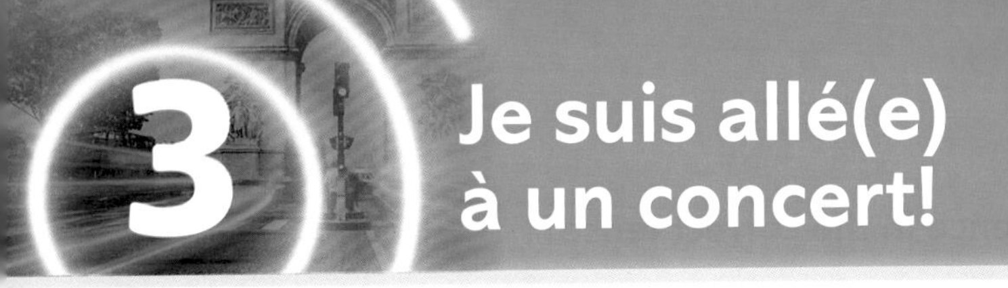

Je suis allé(e) à un concert!

- Describing a trip to a concert
- Using the perfect tense

Regarde les images. Trouve la bonne phrase pour chaque image. Que signifient les verbes en gras?

Samedi dernier, je suis allé à un concert à Paris. C'était super top!

- a **J'ai dansé** et **j'ai chanté**.
- b **J'ai pris** beaucoup de photos.
- c **J'ai acheté** un poster et un tee-shirt comme souvenirs.
- d **J'ai vu** ma chanteuse préférée, Louane.
- e **J'ai acheté** un billet en ligne.
- f **Je suis allé** à Paris en train.
- g **J'ai retrouvé** mes amis au stade.
- h **J'ai mangé** un hamburger-frites et **j'ai bu** un coca.

Écoute et note les bonnes lettres pour Mila et Evan.
(For Evan, note in English any extra details you hear.)

1 **Quand** est-ce que tu es allé(e) au concert?
Je suis allé(e) au concert …
a hier. **b** le weekend dernier.
c la semaine dernière.

2 **Comment** est-ce que tu es allé(e) au concert?
Je suis allé(e) au concert …
a en bus. **b** en voiture. **c** à pied.

3 **Qui** est-ce que tu as vu?
J'ai vu …
a mon chanteur préféré, Stormzy.
b ma chanteuse préférée, Zaz.
c mon groupe préféré, Magic System.

4 **Qu'**est-ce que tu as fait aussi?
a J'ai acheté une casquette.
b J'ai mangé une pizza. **c** J'ai pris des selfies.

En tandem. Réponds aux questions de l'exercice 2. Utilise les idées des exercices 1 et 2, ou tes propres idées.
Reply to the questions using ideas from exercises 1 and 2, or your own ideas.

- *Quand est-ce que tu es allé(e) au concert?*
- *Je suis allé(e) au concert le weekend dernier.*

G

You use the perfect tense to say what you did or have done.

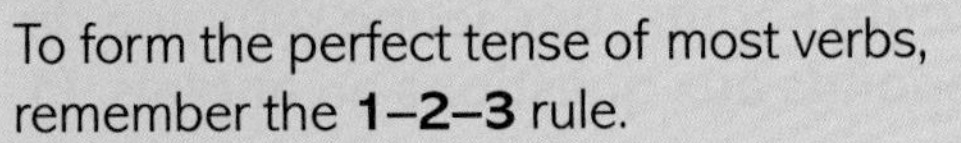

To form the perfect tense of most verbs, remember the **1–2–3** rule.

You need:

1 a subject pronoun (*je*, *tu*, *il*, etc.)
2 part of the verb ***avoir*** (to have)
3 a past participle (e.g. ***acheté***)

1 2 3	
*j'**ai** acheté*	I bought
*tu **as** acheté*	you (singular) bought
*il/elle/on **a** acheté*	he/she/we bought
*nous **avons** acheté*	we bought
*vous **avez** acheté*	you (plural, polite) bought
*ils/elles **ont** acheté*	they bought

Some verbs are irregular:

boire ➡ *j'ai bu* (I drank)
voir ➡ *j'ai vu* (I saw)
prendre ➡ *j'ai pris* (I took)

The verb ***aller*** (to go) uses **être** (not *avoir*).
The past participle must agree with the subject:

1 2 3
*je **suis** allé(e)* (I went)

Page 75

Écoute. Qu'est-ce que chaque personne n'a pas fait? (1–5)

TRAPS! Positive or negative?

Negatives like ***ne … pas*** are small words, but essential to understanding. Listen carefully to distinguish between the positive and negative statements.

En tandem. Pose les questions et réponds au négatif.

- *Est-ce que tu as acheté un tee-shirt?*
- *Non, je **n'**ai **pas** acheté **de** tee-shirt.*

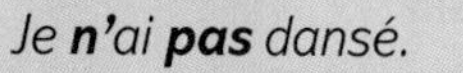

1. Est-ce que tu as acheté un tee-shirt?
2. Est-ce que tu as vu ton groupe préféré?
3. Est-ce que tu as mangé un hamburger?
4. Est-ce que tu as pris des photos?
5. Est-ce que tu es allé(e) au concert en bus?

G

To make a perfect tense verb negative, put ***ne (n') … pas*** around the part of *avoir* or *être*.

*Je **n'**ai **pas** dansé.*

*Je **ne** suis **pas** allé au concert.*

After a negative, ***un***, ***une*** and ***des*** change to ***de***:

*Je n'ai pas acheté **de** souvenirs.*

Lis le texte et réponds aux questions en anglais.

1. When did Marielle go to the concert?
2. What did the singer Matt Pokora do that she loved?
3. Which two souvenirs did she buy?
4. What didn't she buy and why?
5. What happened after the concert? Give two details.

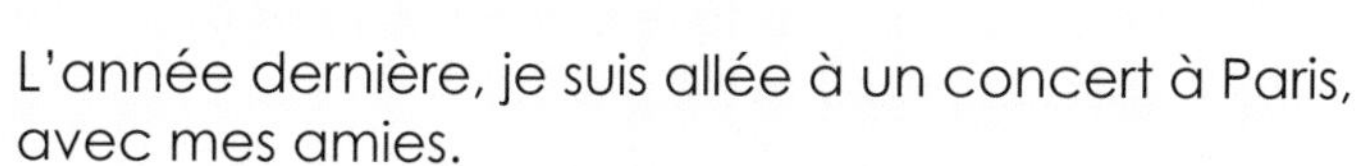

L'année dernière, je suis allée à un concert à Paris, avec mes amies.

J'ai vu Matt Pokora qui est mon chanteur préféré. J'ai adoré le concert parce qu'il a chanté ma chanson préférée. C'était fantastique!

Pendant le concert, j'ai beaucoup dansé et j'ai pris des selfies marrants.

Comme souvenirs, j'ai acheté une casquette et un poster. Cependant, je n'ai pas acheté de tee-shirt parce que c'était trop cher.

Après le concert, j'ai vu Matt Pokora et il a signé mon poster! Finalement, mes amies et moi avons mangé des glaces et nous avons bu du coca.
Marielle

cher *expensive*

Matt Pokora

Imagine que tu es allé(e) à un concert. Écris un paragraphe. Adapte le texte de l'exercice 6.

Mention:
- when you went and who with
- which artist(s) you saw
- what you did at the concert
- what you ate and drank.

Include:
- a negative (to say what you didn't do)
- at least two opinions using *c'était* (it was) + adjective.

4 La musique, c'est ma vie!

- Interviewing a young musician
- Using the present tense and the perfect tense together

1 Lis les textes. Puis écris cinq phrases en anglais sur Bastien.

Exemple: He plays the electric guitar and …

Interview avec Bastien, musicien du groupe Katzz

a «Je joue de la guitare électrique et du saxo, mais je chante aussi!»

b «Ma chanson préférée, c'est *Fragile* de Soprano car la mélodie est belle et le rythme est bon.»

c «J'aime un peu de tout, mais j'aime surtout le R'n'B et le jazz.»

d «Samedi soir, j'ai joué avec mon groupe, et dimanche, j'ai fait du vélo.»

e «La semaine dernière, je suis allé à un concert d'Ariana Grande. C'était fabuleux!»

2 Note les verbes dans chaque phrase de l'exercice 1. Chaque phrase est au présent (PR) ou au passé composé (PC)?

Exemple: **a** je joue (PR), …

G

Use the present tense to refer to what you do now, or what something is like now.

*Je **regarde** la télé. J'**adore** le hip-hop. La chanson **est** originale.*

Use the perfect tense to refer to what you did or what happened, in the past.

*J'**ai mangé** une pizza.* *Je **suis allé(e)** au cinéma.*

Page 75

3 Lis les questions. Quelle est la bonne réponse de l'exercice 1? Puis écoute et vérifie.

1. Qu'est-ce que tu aimes comme musique?
2. Quelle est ta chanson préférée – et pourquoi?
3. Est-ce que tu joues d'un instrument?
4. Est-ce que tu es allé à un concert récemment?
5. Qu'est-ce que tu as fait, le weekend dernier?

4 En tandem. Interviewe Jade ou Kader. Utilise les questions de l'exercice 3 et les détails dans les cases.

- *Bonjour, Kader. Qu'est-ce que tu aimes comme musique?*
- *J'adore le rap, mais j'aime aussi …*

name	Jade	Kader
likes	classical, techno	rap, hip-hop
favourite song	*Umbrella* – tune is original	*Beautiful people* – rhythm is good
instrument	violin	drums
concert	last year – Rihanna	last weekend – Ed Sheeran
last weekend	cinema with friends – was great	played football – was fun

5 Lis l'interview. Puis copie et complète les phrases en anglais.

Zoom sur ... Marwa, du groupe Balance

Marwa, est-ce que tu joues d'un instrument?

Je chante, mais je ne joue pas d'un instrument.

Qu'est-ce que tu aimes comme musique?

J'adore le hip-hop. Je n'écoute jamais de techno. À mon avis, le hip-hop est plus intéressant que la techno.

Qui est ton chanteur ou ta chanteuse préféré(e)?

Ma chanteuse préférée, c'est Beyoncé. Ma chanson préférée, c'est *Love on top* parce que j'adore les paroles.

Qu'est-ce que tu as fait, le weekend dernier?

Samedi matin, j'ai chanté avec mon groupe. Puis samedi soir, nous avons donné un concert à Paris. C'était super!

Et dimanche? Qu'est-ce que tu as fait?

Dimanche, j'ai mangé au restaurant avec ma famille. C'était vraiment sympa. Après, je suis allée au cinéma avec mon petit copain.

donner *to give*

1 Marwa sings in a band but she doesn't .
2 She loves . She never listens to .
3 Her is *Love on top* because .
4 On Saturday morning, she . On Saturday evening, .
5 On Sunday, she .

6 Écoute l'interview avec un jeune musicien, Alex. Il parle de quoi? Écris la bonne lettre. Écoute encore une fois et fais des notes en anglais. (1–4)

a what instruments he plays
b what he did last weekend
c what his favourite song is
d whether he went to a concert recently
e his opinion of rap music
f what type of music he listens to

7 Écris une interview de toi pour un magazine! Utilise les questions de l'exercice 3. Invente les détails, si tu veux.

- Make sure you form each tense correctly:
  - Present tense: *je **joue**, je **chante***
  - Perfect tense: *j'**ai joué**, j'**ai chanté**, je **suis allé(e)***
- Give reasons for your preferences: *parce que le rythme est hyper-cool.*
- Include some opinions about past events, using *c'était* + adjective.
- Extra challenge: can you include a negative (*ne ... pas*) or a comparative (*plus ... que*)?

Qu'est-ce que tu aimes comme musique?
J'adore le R'n'B parce que c'est amusant, mais j'aime aussi ...

Bilan

P

I can ...

- say why I like or dislike a song .... *J'aime la chanson parce que le chanteur est bon.*
- say whether I play a musical instrument. .... *Je joue du piano. Je joue de la guitare.*
- use correct **adjectival agreement** .... ***Le rythme** est amusant. **La mélodie** est amusant**e**.*

1

I can ...

- say how often I listen to music .... *J'écoute parfois de la musique.*
- say what type of music I like and dislike .... *J'adore le R'n'B, mais je n'aime pas la musique classique.*
- use the **comparative** .... *À mon avis, le rap est **plus original que** la techno.*

2

I can ...

- talk about what I am going to do .... *Le weekend prochain, je vais chanter dans un concert.*
- use the **near future tense** .... *Je **vais visiter** le Canada. Je **vais écrire** un blog.*
- use the **present tense** and **near future tense** together .... *Je **joue** dans un groupe. La semaine prochaine, je **vais faire** une tournée.*

3

I can ...

- talk about my favourite singer or group .... *Mon groupe préféré, c'est ...*
  Ma chanteuse préférée, c'est ...
- describe a trip to a concert .... *Je suis allé(e) au concert en bus.*
  J'ai vu mon chanteur préféré.
- use the **perfect tense** .... *J'**ai mangé** un hamburger.*
  *J'**ai pris** des photos.*
- use **negatives** in the perfect tense .... *Je **n**'ai **pas** acheté de souvenirs.*

4

I can ...

- interview a singer .... *Qu'est-ce que tu aimes comme musique?*
  Quelle est ta chanson préférée?
- ask and answer questions in **two tenses** .... *Est-ce que tu **joues** d'un instrument?*
  *Oui, je **joue** du violon. Qu'est-ce que tu **as fait**, le weekend dernier? **J'ai joué** au foot et je **suis allé(e)** au cinéma.*

Révisions

1 What do these adjectives mean? Which are in the masculine form and which are in the feminine form?

amusante | bon | démodé | ennuyeuse | intéressant | nul | originale

2 Copy and complete these opinions, using an adjective from exercise 1. Then translate them.

1 Le chanteur est …
2 La mélodie est …
3 Le rythme est …
4 La chanson est …

The gender of the noun (masculine or feminine) and the gender of the adjective must match.

3 In pairs. Take turns to say you play a musical instrument. How many can you name?

- *Je joue **du** violon.*
- *Je joue **de la** …*

Extra challenge! How do you say 'I don't play an instrument'?

Get set

4 Write in English how often each of these people listens to music.

1 J'écoute souvent de la musique.
2 J'écoute parfois de la musique.
3 J'écoute tout le temps de la musique.
4 Je n'écoute jamais de musique.

5 Copy and complete the sentences comparing different types of music. Then write one more sentence of your own.

1 Le R'n'B est plus intéressant ______ le rap.
2 La techno est ______ amusante ______ le jazz.
3 La musique classique ______ relaxante ______ rock.

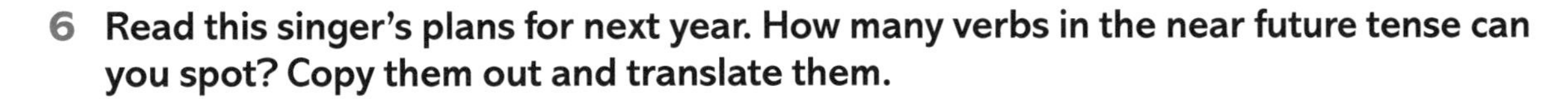

6 Read this singer's plans for next year. How many verbs in the near future tense can you spot? Copy them out and translate them.

J'aime toutes sortes de musique. Je chante dans une chorale et l'année prochaine, je vais visiter les États-Unis. Je vais chanter dans un concert à New York. Je vais voyager en avion. Je vais prendre beaucoup de photos et je vais écrire un blog sur la tournée.

7 Put each of the verbs in brackets into the perfect tense, to say what you did. You need to use *je suis* (not *j'ai*) with one of them.

Example: 1 j'ai dansé

1 (danser)
2 (manger) une glace
3 (acheter) des souvenirs
4 (boire) un coca
5 (prendre) des photos
6 (aller) au cinéma

8 In pairs. Invent answers to these questions. Use the correct tense each time: present tense or perfect tense.

1 Qu'est-ce que tu aimes comme musique?
2 Est-ce que tu joues d'un instrument?
3 Est-ce que tu es allé(e) à un concert récemment?
4 Qu'est-ce que tu as fait, le weekend dernier?

En focus 1: lire et écouter

Read these posts about music. For each statement in English, write Hugo, Lola or Karim.

J'écoute tout le temps de la musique! À mon avis, la techno est plus amusante que le rap. Je n'écoute jamais de rap. **Hugo**

J'aime la musique classique et je chante dans une chorale. Ma meilleure copine joue de la guitare. Cependant, moi, je ne joue pas d'un instrument. **Lola**

J'écoute parfois de la musique. J'aime beaucoup le R'n'B, le hip-hop et le rap. Je joue aussi de la batterie dans un orchestre. **Karim**

Write the name of the person who ...

1 sings in a choir.
2 likes listening to rap.
3 listens to music all the time.
4 plays a musical instrument.

Remember TRAPS!

Positive or negative? Look for small words like ***ne (n') ... pas***, or ***ne ... jamais***, which turn a positive statement into a negative one.

Subject. Who is being referred to? The person who wrote the post? Or someone else?

Read the blog extracts about two concerts. Which statements in English are true?

J'aime beaucoup le rap, mais mon chanteur préféré, c'est Soprano. Hier, je suis allée à un concert de Soprano, en car. Au concert, il a chanté ma chanson préférée et c'était super! Je n'ai pas acheté de tee-shirt parce que c'était trop cher. **Zoé**

J'écoute un peu de tout et la semaine dernière, je suis allé à un concert de Zaz. J'ai beaucoup dansé, mais je n'ai pas pris de photos. Après le concert, j'ai vu Zaz et elle a signé mon poster – c'était génial! **Lucas**

1 Which two statements about Zoé are true?

a	She is not very keen on Soprano's music.
b	She travelled to the concert by coach.
c	The singer performed her favourite song.
d	She bought a souvenir tee-shirt.

2 Which two statements about Lucas are true?

a	He only listens to one type of music.
b	He went to a concert last year.
c	He didn't take any photos.
d	He got a singer's autograph.

Read the text and answer the questions in English.

Je m'appelle Yusef. Je viens d'Iraq, mais j'habite maintenant en France.

J'adore la musique et tous les samedis, je chante dans une chorale de réfugiés.

L'année prochaine, je vais voyager au Canada, avec la chorale. Je vais chanter dans un concert à Montréal. Je vais aussi écrire un blog sur ma visite.

J'aime écouter toutes sortes de musique et le weekend dernier, je suis allé à un concert avec ma famille. C'était un concert de raï – une musique traditionnelle arabe.

1 Where does Yusef live now?
2 What does he do every Saturday?
3 What is he going to do next year? Give two details.
4 What did he do last weekend? Give two details.

4 Your French friend has sent you this message. Translate it into English.

Je joue de la batterie dans un groupe.

À mon avis, le rock est plus amusant que le rap.

Hier, je suis allé à un concert et j'ai vu mon chanteur préféré.

L'année prochaine, je vais visiter l'Espagne.

5 Listen to the interview with Sylvain and answer the questions in English.

1 How often does Sylvain listen to music?
2 What kind of music does he like?
3 Which musical instrument does he play?
4 Why is *Je veux* his favourite song?
5 When did he go to a concert?

6 Listen to the interview with Luna, a singer, and choose the correct answers.

donner *to give*

1 In February, Luna is going to …

a	take a holiday.
b	go on tour.
c	buy a car.

2 She is going to travel to …

a	Spain.
b	Australia.
c	Canada.

3 She is going to sing …

a	a new song.
b	all sorts of songs.
c	her favourite song.

4 On her website, she is going to …

a	write a blog.
b	post a video.
c	chat with her fans.

7 Listen to Nathan. What does he do now? What did he do last week? What is he going to do next weekend? Write two things in English in each box. (1–3)

last week	now	next weekend
	lives in France	

Remember the **T** in **T**RAPS! Listen out for the **T**ense.
Which things does Nathan refer to in the present tense?
Which things does he refer to in the perfect tense?
Which things does he refer to in the near future tense?

En focus 2: parler et écrire

Using preparation time

When you do a speaking test, you might have a limited time to prepare two tasks. Use your preparation time wisely! Try to plan your time:

- **role play**: about a third of the time

Don't spend too long on this. You only need to give short answers.

- **photo card**: about two thirds of the time

Don't spend too long on the first question. Allow time for the others.

Don't forget to think about what the 'surprise' question(s) might be.

1 En tandem. Regarde le jeu de rôle et discute en anglais. Puis prépare et note tes réponses.

Fréquence tells you this is about how often you do something.

What do you think you are being asked here? Remember to give a reason.

The topic is music: predict what you might be asked! Listen carefully for clue words in the question.

Tu parles de la musique avec ton ami(e) français(e).

- Musique – fréquence de l'écoute
- Musique classique – ton opinion et **une** raison
- **!**
- Instrument
- **?** Musique – préférence

You don't always use the words on the card. Ask which kind of music he/she likes. Start with *Qu'est-ce que* … .

What do you think you will be asked about here? Which verb do you need to use?

2 Écoute et fais le jeu de rôle de l'exercice 1 trois fois. Utilise tes notes. Attention: il y a une question-surprise différente dans chaque jeu de rôle. (1–3)

3 En tandem. Regarde la photo et prépare ta réponse aux questions. Écris des notes, puis réponds.

- Qu'est-ce qu'il y a sur la photo?
  Sur la photo, il y a …
- Est-ce que tu joues d'un instrument?
  Oui, / Non, je …
- Est-ce que tu es allé(e) à un concert récemment? …

- To indicate position, use *À gauche* … *À droite* … *Au centre* … *Au fond* …
- Say what each person is doing, wearing, etc. Try using *qui* (who): *Il y a un garçon qui porte / joue* …
- *Récemment* means 'recently', so this is a question about the past. Which tense should you use?

Accuracy in writing

Remember to check:

- **spelling:** words with double letters (e.g. *intéressant*); words with lots of vowels (e.g. *beaucoup*); near-cognates (e.g. *orchestre*)
- **grammar:** make sure you use the correct ...
  - tense (present tense: *j'écoute*; perfect tense: *j'ai écouté;* near future tense: *je vais écouter*)
  - adjective endings (*le rythme est amusant*; *la* mélodie est amusant*e*)

Don't think word-by-word: French sometimes uses **more** words than English (I like R'n'B – *j'aime **le** R'n'B*) – or **fewer**! (I listen **to** – *j'écoute*).

4 Translate the sentences into French.

1 I often listen to music.
2 I love rap and techno.
3 I play the violin in an orchestra.
4 R'n'B is more interesting than hip-hop.
5 Last weekend, I listened to music with my friends.

Use this word order in French: I listen often …

Use the correct definite article with each noun.

Use *jouer de*. What happens to *de* when the next word is *le*?

Use the comparative: *plus* + adjective + *que* …

Which tense do you need here?

5 In pairs. Look at the writing task and work out:

1 the overall subject from the heading
2 what you should write about for each bullet point
3 which bullet point refers to
a your opinion; **b** the past; **c** the present; **d** the future.

Tu décris ta vie d'adolescent(e) pour ton blog.

Décris:

- ton opinion de la musique
- ta chanson préférée
- une activité musicale récente
- tes projets pour le weekend prochain.

Écris **80–90** mots en **français**. Réponds à chaque aspect de la question.

6 In pairs. Read this pupil's response and answer the questions.

J'aime beaucoup le hip-hop, mais je déteste la techno. À mon avis, le hip-hop est plus original que la techno.

Ma chanson préférée, c'est *Right there* d'Ariana Grande parce que j'adore les paroles et parce que la mélodie est amusante.

La semaine dernière, je suis allée à un concert. J'ai dansé et j'ai pris beaucoup de photos. C'était super! Cependant, je n'ai pas acheté de souvenirs parce que c'était trop cher.

Le weekend prochain, je vais regarder des vidéos de musique avec ma meilleure amie. Après, nous allons manger une pizza.

1 Has the pupil covered all four bullet points in her answer?
2 Which paragraphs include an opinion? Which paragraphs include reasons?
3 The pupil refers to three different time frames. Which time frame is covered in each paragraph? Apart from the verbs, what other clues are there?
4 The pupil creates two complex sentences, one using the comparative and one using a negative with a perfect tense verb. Find and translate the sentences.

7 Write your own response to the task in exercise 5, using the model text and your answers to exercise 6 for help.

En plus

Read the English introduction and look at the picture. Then listen and read the text. How many cognates or near-cognates can you spot in the text?

Au secours! Mon frère est un ado is a book by Sophie Rigal-Goulard. In this story, the young narrator, William, has his life turned upside-down when his stepbrother, Grégoire, moves in.

Grégoire est revenu. Il a passé le weekend chez sa mère. Il n'est pas heureux. Il jette son sac dans un coin et s'allonge sur son lit.

Comme d'habitude, il met son casque sur la tête, branche son iPod et monte le volume au maximum. Je peux parfaitement entendre sa musique. Ce soir, c'est du rap.

Copie et complète le résumé en anglais du texte de l'exercice 1.

1 Grégoire has returned. He spent the weekend ______.
2 He is ______ happy.
3 He throws his ______ in the corner and stretches out on ______.
4 As usual, he puts his ______ on his head, plugs in his ______ and turns up the ______.
5 William can hear ______ perfectly. This evening, it's ______.

To help you understand a more challenging text:

- read the <u>title or introduction</u>: what does it tell you?
- look at any <u>photo or picture</u>: what clues does it give you?
- use the <u>questions</u> to help you decode the text
- use the <u>context</u> to work out new words and phrases – look at what the whole sentence is about.

Écoute la nouvelle version du texte et note les <u>cinq</u> différences.

Exemple: Il a passé le weekend chez **son père**.

En tandem. Fais le quiz avec ton/ta camarade.

- *Qu'est-ce que Grégoire aime comme musique?*
- *Il aime beaucoup …*

1 Qu'est-ce que Grégoire aime comme musique?
Il aime beaucoup …
a le jazz.
b le rap.
c la musique classique.

2 Qu'est-ce que Grégoire n'aime pas faire?
Il n'aime pas …
a rentrer à la maison.
b rester dans sa chambre.
c écouter de la musique.

3 À ton avis, Grégoire est comment?
À mon avis, il est …
a assez arrogant et égoïste.
b un peu triste.
c très drôle.

Écoute et lis le profil de la jeune chanteuse Angelina. Puis réponds aux questions en anglais.

Le saviez-vous?

Le passé ...

- Angelina est née le 4 novembre 2006.
- En 2017, elle a gagné *The Voice Kids* à la télé.
- En 2018, elle a chanté pour la France à l'Eurovision Junior.
- En 2019, elle a enregistré son premier album (le soir, après l'école!).

Maintenant ...

- Elle habite avec ses parents, dans le sud de la France.
- Elle adore la musique de Soprano et d'Ariana Grande.
- Elle prend des cours de danse.

À l'avenir (peut-être!) ...

- Elle va danser dans ses concerts.
- Elle va participer à *Danse avec les stars*, à la télé!

le sud	*the south*
peut-être	*perhaps*

1 When was Angelina born?
2 Which TV talent show did she win?
3 What happened in 2018?
4 When exactly did she record her first album? Give three details.
5 What do we know about her musical tastes?
6 What kind of lessons does she take?
7 What plans does she have for the future? Give two details.

Trouve l'équivalent en français des verbes anglais. Puis recopie les verbes dans le tableau.

past (perfect tense)	present (present tense)	future (near future tense)
Angelina est née		

- The text is in three sections: what Angelina did in the past, what she does now and what she is going to do in the future.
- So, the verbs in the text are in three tenses: perfect tense, present tense and near future tense.
- Use the questions from exercise 5 to help you work out the meaning of new verbs: for example, *elle a enregistré* (she recorded).

1 Angelina was born
2 she lives
3 she is going to dance
4 she recorded
5 she loves
6 she won
7 she takes
8 she is going to take part in
9 she sang

Fais des recherches sur un chanteur ou une chanteuse. Écris «une carte de profil personnel», comme le profil d'Angelina.

- Write at least three facts about your chosen singer, in:
  - the past
  - the present
  - the future.
- Borrow verbs from the text about Angelina, using the *il/elle* form: *Il/Elle a gagné* ... *Il/Elle habite* ... *Il/Elle va participer à* ...
- Note: ***il*** *est né* (he was born); ***elle*** *est née* (she was born).

Grammaire

Adjectives and adjectival agreement (Point de départ, page 56)

1 Copy and complete the sentences with the correct form of the adjective in brackets.

J'aime la chanson parce que …

1. **le chanteur** est (good).
2. **la mélodie** est (original).
3. **la chanteuse** est (fun).

Je n'aime pas la chanson parce que …

4. **le rythme** est (boring).
5. **la chanson** est (old-fashioned).

All nouns in French (not just people) are masculine or feminine. Most adjectives change their ending to 'agree' with the noun.

masculine	feminine
amusant	*amusant**e***
intéressant	*intéressant**e***
démodé	*démodé**e***
original	*original**e***
bon	*bon**ne***
nul	*nul**le***
*ennuy**eux***	*ennuy**euse***

*J'aime la chanson parce que **le rythme** est bon.*

*Je n'aime pas la chanson parce que **la mélodie** est ennuy**euse**.*

The comparative (Unit 1, page 59)

2 Write sentences comparing the types of music. Remember to make the adjective agree if the first noun in the sentence is feminine. Then complete the final sentence, giving your own opinion about two different types of music.

Example: **1** Le rap est plus intéressant que le jazz.

1. le rap, le jazz (intéressant)
2. le hip-hop, la techno (ennuyeux)
3. **la** musique classique, le rock (relaxant)
4. le R'n'B, la musique traditionnelle (meilleur)
5. **la** musique de Rihanna, la musique de Drake (original)
6. À mon avis, …

You use the comparative to compare two or more things.

plus + adjective + ***que*** **(more … than …)**

***Le hip-hop** est **plus** amusant **que la musique classique**.*

Hip-hop is more fun than classical music.

The adjective must agree with the first noun mentioned.

***La techno** est **plus** originale **que** **le rock**.*

Techno is more original than rock.

meilleur/meilleure que means 'better than'.

***Le rap** est **meilleur que** **le R'n'B**.*

Rap is better than R'n'B.

meilleur (better) is the comparative of *bon* (good). You do not need the word *plus* with *meilleur / meilleure que*.

The near future tense (Unit 2, page 60)

3 What is this singer going to do next year? Write out the sentences correctly, then translate them into English.

1. visiter Je États-Unis vais les .
2. avion vais Je en voyager .
3. vais concerts donner Je des .
4. blog vais Je un écrire .
5. prendre des vais selfies Je .
6. guitare la Je jouer vais de .

For the near future tense, use part of the verb *aller* (to go) + infinitive.

je vais chanter …
tu vas écrire …
il/elle/on va faire …
nous allons prendre …
vous allez visiter …
ils/elles vont voyager …

The perfect tense (Unit 3, page 62)

4 Max has written a blog about a concert he went to. Copy and complete the text with the correct verbs in the perfect tense.

ai acheté	ai vu	avons mangé
ai dansé	ai pris	suis allé

J'ai acheté un billet en ligne. Je **1** au concert en train avec mes amis. J' **2** mon chanteur préféré, Stromae. J'ai chanté, j' **3** et j' **4** beaucoup de photos.

Je n'ai pas acheté de poster, mais j' **5** un tee-shirt. Après le concert, nous **6** une pizza. C'était top!

You use the perfect tense to say what you did or have done.

To form the perfect tense of most verbs, remember the **1–2–3** rule:

1 a subject pronoun (*je, tu, il,* etc.)
2 part of the verb ***avoir*** (to have)
3 a past participle (e.g. ***chanté***)

1 2 3	
*j'**ai** chanté*	I sang
*tu **as** chanté*	you (singular) sang
*il/elle/on **a** chanté*	he/she/we sang
*nous **avons** chanté*	we sang
*vous **avez** chanté*	you (plural, polite) sang
*ils/elles **ont** chanté*	they sang

Some verbs are irregular:

boire ➡ *j'ai **bu*** (I drank)
voir ➡ *j'ai **vu*** (I saw)
prendre ➡ *j'ai **pris*** (I took)

The verb ***aller*** (to go) uses **être** (not *avoir*).
The past participle must agree with the subject:

1 2 3
*je **suis allé(e)*** (I went)

Using the present tense and the perfect tense together (Unit 4, page 64)

5 Copy and complete this interview with a singer, putting the verb in brackets into the correct tense: present tense or perfect tense.

1 Est-ce que tu écoutes souvent de la musique?
Oui, j'(écouter) tout le temps de la musique!

2 Qu'est-ce que tu aimes comme musique?
J'(adorer) le rap, mais je n'(aimer) pas la techno.

3 Est-ce que tu joues d'un instrument?
Je (jouer) du clavier dans un groupe et je (chanter).

4 Est-ce que tu es allé à un concert récemment?
L'année dernière, je (aller) à un concert. J'(voir) mon groupe préféré.

5 Qu'est-ce que tu as fait, le weekend dernier?
J'(regarder) la télé et j'(jouer) au tennis avec mon petit ami.

Use the present tense to refer to what you do or like now.

***J'écoute** de la musique.*
***Je joue** de la guitare.*
***J'adore** le R'n'B.*

Use the perfect tense to refer to what you did or what happened, in the past.

J'ai chanté.
***J'ai joué** avec mon groupe.*
***Je suis allé(e)** au cinéma.*

If you need a reminder of how to form the present tense, go to page 127.

Vocabulaire

Point de départ (pages 56–57)

Est-ce que tu aimes la chanson?	*Do you like the song?*
Pourquoi (pas)?	*Why (not)?*
J'adore / J'aime la chanson …	*I love / I like the song …*
Je n'aime pas / Je déteste la chanson …	*I don't like / I hate the song …*
parce que …	*because …*
le chanteur est …	*the singer (male) is …*
la chanteuse est …	*the singer (female) is …*
le rythme est …	*the rhythm is …*
la mélodie est …	*the tune/melody is …*
la chanson est …	*the song is …*
amusant(e). / démodé(e).	*fun / old-fashioned.*
intéressant(e).	*interesting.*
bon(ne) / nul(le).	*good / rubbish.*
ennuyeux/ennuyeuse.	*boring.*
Ma chanson préférée, c'est …	*My favourite song is …*
J'adore la musique de (Zaz).	*I love (Zaz's) music.*
J'écoute en streaming.	*I stream music.*
J'ai des playlists sur mon portable.	*I have playlists on my phone.*
Ça me donne envie de danser.	*It makes me want to dance.*
J'adore les paroles.	*I love the words/lyrics.*
Je/Il/Elle joue …	*I/He/She play(s) …*
du piano / du clavier.	*piano / keyboard.*
du saxo(phone).	*sax(ophone).*
du violon.	*violin.*
de la batterie.	*drums.*
de la flûte.	*flute.*
de la guitare.	*guitar.*
de la trompette.	*trumpet.*
de la clarinette.	*clarinet.*
Je/Il/Elle chante.	*I/He/She sing(s).*

Unité 1 (pages 58–59) *Qu'est-ce que tu écoutes?*

Qu'est-ce que tu aimes comme musique?	*What sort of music do you like?*
Qu'est-ce que tu n'aimes pas écouter?	*What don't you like listening to?*
J'aime …	*I like …*
le reggae / le hip-hop.	*reggae / hip-hop.*
le jazz / le rock.	*jazz / rock.*
le R'n'B / le rap.	*R'n'B / rap.*
la techno.	*techno.*
la musique classique.	*classical music.*
la musique traditionnelle.	*traditional music.*
toutes sortes de musique.	*all sorts of music.*
un peu de tout.	*a bit of everything.*
C'est une musique traditionnelle.	*It's a traditional kind of music.*
Est-ce que tu écoutes souvent de la musique?	*Do you often listen to music?*
Oui, tout le temps.	*Yes, all the time.*
Je n'écoute jamais de (jazz).	*I never listen to (jazz).*
C'est …	*It's …*
cool / relaxant / amusant / original / intéressant / ennuyeux / nul.	*cool / relaxing / fun / original / interesting / boring / rubbish.*
À mon avis, …	*In my opinion, …*
Pour moi, …	*For me, …*
le rap est plus original que le R'n'B.	*rap is more original than R'n'B.*
la musique classique est plus relaxante que le rock.	*classical music is more relaxing than rock.*
le hip-hop est meilleur que la techno.	*hip-hop is better than techno.*
Je suis d'accord.	*I agree.*
Je ne suis pas d'accord.	*I disagree.*

Unité 2 (pages 60–61) *De jeunes réfugiés*

Je suis réfugié(e).	*I am a refugee.*
Je viens de Syrie / d'Iraq.	*I come from Syria / Iraq.*
Je suis membre …	*I am a member …*
d'un orchestre / d'une chorale.	*of an orchestra / of a choir.*
Qu'est-ce que tu vas faire?	*What are you going to do?*
Je vais …	*I am going to …*
faire une tournée avec la chorale.	*go on tour with the choir.*
jouer du violon.	*play the violin.*
visiter les États-Unis.	*visit the USA.*
voyager en avion.	*travel by plane.*
chanter toutes sortes de chansons.	*sing all sorts of songs.*
écrire un blog.	*write a blog.*
prendre beaucoup de photos.	*take lots of photos.*
être musicien(ne) professionnel(le).	*be a professional musician.*

Unité 3 (pages 62–63) *Je suis allé(e) à un concert!*

Je suis allé(e) à un concert.	*I went to a concert.*
Quand est-ce que tu es allé(e) au concert?	*When did you go to the concert?*
Je suis allé(e) au concert … samedi dernier.	*I went to the concert … last Saturday.*
J'ai acheté un billet en ligne.	*I bought a ticket online.*
J'ai acheté des souvenirs.	*I bought some souvenirs.*
J'ai acheté un poster / un tee-shirt / une casquette.	*I bought a poster / a tee-shirt / a cap.*
J'ai retrouvé mes amis au stade.	*I met my friends at the stadium.*
Qu'est-ce que tu as fait aussi?	*What else did you do?*
J'ai chanté et j'ai dansé.	*I sang and danced.*
J'ai pris beaucoup de photos.	*I took lots of photos.*
J'ai pris des selfies.	*I took selfies.*
J'ai mangé un hamburger.	*I ate a burger.*
J'ai bu un coca.	*I drank a cola.*
Je n'ai pas mangé de pizza.	*I didn't eat pizza.*
Qui est-ce que tu as vu?	*Who did you see?*
J'ai vu …	*I saw …*
mon chanteur / ma chanteuse préféré(e).	*my favourite singer.*
mon groupe préféré.	*my favourite group.*
Comment est-ce que tu es allé(e) au concert?	*How did you go to the concert?*
en bus / en voiture / à pied	*by bus / by car / on foot*
C'était trop cher.	*It was too expensive.*
C'était fantastique!	*It was fantastic!*

Unité 4 (pages 64–65) *La musique, c'est ma vie!*

Est-ce que tu joues d'un instrument?	*Do you play an instrument?*
Je chante, mais …	*I sing, but …*
je ne joue pas d'un instrument.	*I don't play an instrument.*
Qu'est-ce que tu aimes comme musique?	*What sort of music do you like?*
J'aime surtout le R'n'B.	*I especially like R'n'B.*
Qui est ton chanteur ou ta chanteuse préféré(e)?	*Who is your favourite singer?*
Mon chanteur / Ma chanteuse préféré(e), c'est …	*My favourite singer is …*
Quelle est ta chanson préférée?	*What is your favourite song?*
Ma chanson préférée, c'est …	*My favourite song is …*
Est-ce que tu es allé(e) à un concert récemment?	*Have you been to a concert recently?*
Hier, je suis allé à un concert de Drake.	*Yesterday, I went to a Drake concert.*
J'ai joué au foot.	*I played football.*
J'ai joué de la guitare.	*I played guitar.*
J'ai mangé au restaurant avec ma famille.	*I ate in a restaurant with my family.*
Je suis allé(e) au cinéma.	*I went to the cinema.*
J'ai fait du vélo.	*I went cycling.*

Les mots essentiels *High-frequency words*

Expressions of frequency

souvent .... *often*
parfois .... *sometimes*
tout le temps .... *all the time*
de temps en temps .... *from time to time, occasionally*
ne … jamais .... *never*

Future time expressions

l'année prochaine .... *next year*
la semaine prochaine .... *next week*
l'été prochain .... *next summer*
à l'avenir .... *in the future*

Past time expressions

hier .... *yesterday*
le weekend dernier .... *last weekend*
la semaine dernière .... *last week*

Stratégie

Learn verbs in fours!

1 The infinitive (e.g. *jouer* – to play)
Use this to say what you like to do. *J'aime jouer au foot.*

2 The present tense
Use this to say what you normally do. *Je joue au foot.*

3 The perfect tense
Use this to say what you did or have done. *J'ai joué au foot.*

4 The near future tense
Use this to say what you are going to do. *Je vais jouer au foot.*

Remember, some verbs are irregular and can take longer to learn! E.g.

faire (to do, or make)	*je fais*	*j'ai fait*	*je vais faire*
aller (to go)	*je vais*	*je suis allé(e)*	*je vais aller*

Module 4

Le meilleur des mondes

1 Quelle est la bonne réponse: a, b ou c?

1 En France, la viande préférée, c'est …
a le poulet. **b** le bœuf. **c** le porc.

2 En France, il y a environ 1 200 variétés de …
a fruits. **b** viandes. **c** fromages.

3 5% de la population française **ne** mange **pas** de …
a viande. **b** sucre. **c** légumes.

4 En France, le légume préféré, c'est …
a la pomme de terre. **b** la carotte. **c** la salade.

2 Trouve l'association caritative qui …

1 organise des campagnes pour protéger l'environnement.

2 offre de l'aide médicale.

3 aide les adultes en situation de handicap mental.

4 offre des repas gratuits.

a

b

c

d

L'Arche was established in France in 1964. There are 35 *L'Arche* communities in France and 12 in the UK. Do your own research to find out more about some of the other charities.

3 Relie chaque photo à un problème pour la planète.

1

2

3

4

5

6

a les animaux en danger d'extinction

b la pollution

c les déchets

d le changement climatique

e la déforestation

f la plaque de plastique de l'océan Pacifique

The French government wants all plastic to be recycled by 2025. Currently, only 26% of plastic packaging is recycled.

Point de départ

- Talking about food
- Describing a photo

Regarde les photos. Décide si chaque aliment est dans le repas à la cantine en France (F), en Grande-Bretagne (G-B), les deux (✓✓) ou ni l'un ni l'autre (✗✗).

Qu'est-ce qu'on mange à la cantine scolaire?

Voici des repas «typiques» …

en **France**

en **Grande-Bretagne**

Dans le repas, il y a …

1 un fruit **2** du fromage **3** du pain **4** du lait **5** du riz

6 de la viande **7** de l'eau **8** des légumes **9** des frites **10** des pommes de terre

Écoute et vérifie. Note les opinions en anglais. (1–4)

À mon avis,	c'est	délicieux.
Je pense que	ce n'est pas	savoureux.
		sain.
		simple.

G

Use ***du*/*de la*/*de l'*/*des*** when you are talking about food and drink to say 'some'.

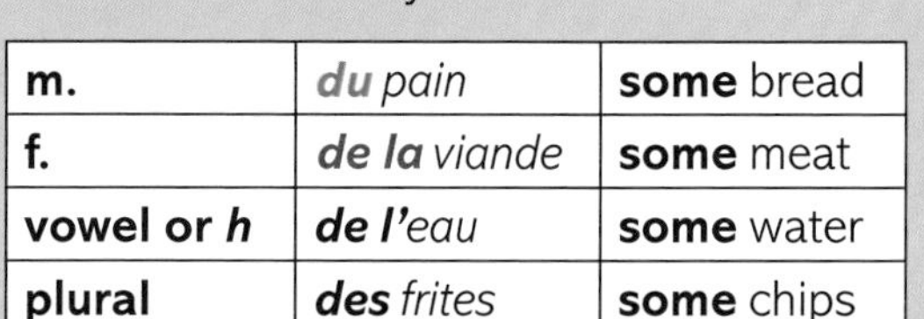

m.	***du*** *pain*	**some** bread
f.	***de la*** *viande*	**some** meat
vowel or *h*	***de l'****eau*	**some** water
plural	***des*** *frites*	**some** chips

When you translate into English, you can use the word 'some' or leave it out:

Il y a ***du*** *pain et* ***de l'****eau.* There is some bread and some water.
Or: There is bread and water.

Traduis les deux messages en anglais.

À la cantine scolaire au Canada, il y a de la soupe et des sandwichs. Il y a aussi du jus de fruits. Je pense que c'est savoureux car j'aime les fruits et les légumes. **Julia**

À la cantine scolaire au Gabon, il y a du riz, des haricots, du pain et du lait. À mon avis, c'est plus simple que les repas en France, mais c'est sain et délicieux. **Fabien**

plus simple que *simpler than*

Écris un paragraphe sur les quatre repas des exercices 1 et 3.

À mon avis, …
Je pense que …

le repas à la cantine	en France	est	délicieux	car	j'aime	le riz.
	en Grande-Bretagne	n'est pas	savoureux		je déteste	la viande.
	au Canada		sain			les légumes.
	au Gabon		simple			…

Mon repas préféré, c'est le repas à la cantine en / au …

Regarde la photo. Pour chaque phrase, choisis la bonne réponse.

1 Sur la photo, il y a …
   a un homme. **b** une femme.
   c un garçon. **d** une fille.

2 Il est …
   a au collège. **b** à la plage.
   c à la campagne.

3 Il porte …
   a un tee-shirt. **b** un chapeau.
   c un gilet vert.

4 Il …
   a mange une glace. **b** boit de l'eau.
   c ramasse des déchets.

5 Il …
   a pleut. **b** fait beau. **c** fait mauvais.

When translating verbs such as 'he is wearing' or 'she is collecting' into French, don't be tempted to use the verb 'to be'. There is only one present tense in French: phrases such as *il porte* mean 'he wears' or 'he is wearing'.

Écoute les deux descriptions d'une photo et réponds aux questions en anglais. (1–2)

a **Who** is in the photo?
b **Where** is the person?
c **What** is the person **wearing** and **doing**?
d What is the **weather** like?

En tandem. Prépare ta réponse à la question «Qu'est-ce qu'il y a sur la photo?».

Mention the four **W**s:
Who is in the picture
Where they are
What they are wearing and doing
the **Weather.**

1 Est-ce que tu manges de la viande?

- Discussing eating habits
- Using *ne … pas* and *ne … jamais*

1 Écoute et lis. Puis trouve l'équivalent des phrases anglaises dans le texte.

Est-ce que tu manges de la viande?

Ivo **Je mange** de la viande et **je mange** beaucoup de fruits et de légumes.

Ella **Je ne mange pas** de viande. **Je ne mange pas** de poisson.

Oscar **Je ne bois pas** de lait. **Je ne mange jamais** de produits d'origine animale.

Julie **Je ne mange jamais** de viande, mais **je mange** du poisson et **je bois** du lait.

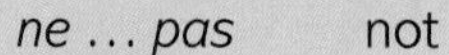

1 **I eat** meat.
2 **I eat** fish.
3 **I eat** lots of fruit and vegetables.
4 **I drink** milk.
5 **I don't eat** meat.
6 **I don't drink** milk.
7 **I don't eat** fish.
8 **I never eat** meat.
9 **I never eat** animal products.

2 Relis le texte de l'exercice 1. Qui est …?

1 végétarien(ne)
2 végan(e)
3 pescétarien(ne)
4 omnivore

G

These negatives form a sandwich around the verb:

ne … pas	not
ne … jamais	never
*Je **ne** mange **pas** de viande.*	I **don't** eat meat.
*Je **ne** mange **jamais** de viande.*	I **never** eat meat.

After *pas* and *jamais*, *un/une* and *du/de la/des* change to *de*:

*Je **ne** bois **pas de** lait.*	I don't drink milk.

Page 98

3 Écoute et note la personne qui parle. (1–3)

Est-ce que tu manges de la viande?

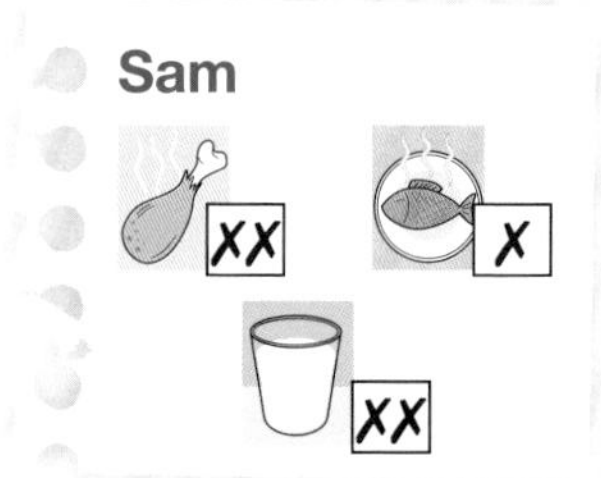

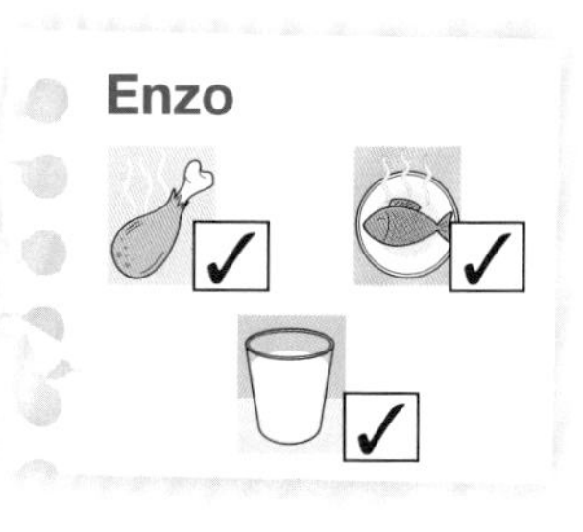

4 En tandem. Pose la question et réponds pour une personne de l'exercice 3. Ton/Ta partenaire identifie la bonne personne.

- *Est-ce que tu manges de la viande?*
- *Non, je ne mange pas de viande et je ne mange jamais de poisson. Mais je bois du lait.*
- *Tu es Gurteg?*
- *Oui!*

✓ = je mange / bois
✗ = je **ne** mange / bois **pas**
✗✗ = je **ne** mange / bois **jamais**

Choisis deux personnes de l'exercice 3 et écris leurs réponses à la question «Est-ce que tu manges de la viande?». Puis écris ta propre réponse. Utilise *et*, *mais*, *ne … pas* et *ne … jamais*.

Lis l'article. Copie et complète le tableau en anglais.

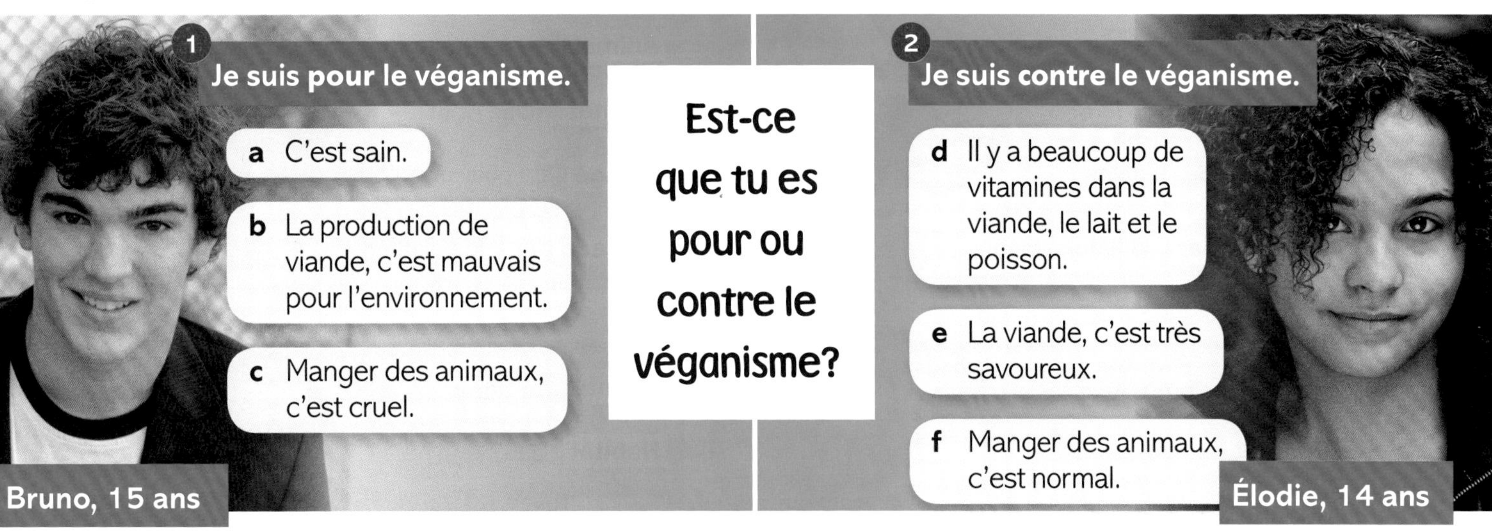

1 Bruno is **for** / **against** veganism.	**2** Élodie is **for** / **against** veganism.
He thinks:	She thinks:
a it's .	**d** there are lots of vitamins in .
b meat production is .	**e** meat is very .
c eating animals is .	**f** eating animals is .

Écoute la discussion et note si chaque personne est pour (P) ou contre (C) le véganisme. Puis écoute encore une fois et note la bonne lettre pour la raison (de l'exercice 6). (1–5)

Saying if you are for or against something	✓ Je suis pour ✗ Je suis contre	le véganisme.
Giving your opinion	À mon avis, … Je pense que … Pour moi, …	
Agreeing and disagreeing	Tu es d'accord? ✓ Je suis d'accord. ✗ Je ne suis pas d'accord. ✗ Tu rigoles!	

En groupe. Discute de la question «Est-ce que tu es pour ou contre le véganisme?». Utilise les raisons de l'exercice 6 et les expressions dans le tableau.

- *Est-ce que tu es pour ou contre le véganisme?*
- *Je suis pour le véganisme. Je pense que manger des animaux, c'est cruel. Tu es d'accord?*
- *Ah non, tu rigoles! Je ne suis pas d'accord. À mon avis, …*

Try to pronounce these cognates. Listen out for them in the discussion in exercise 7, then practise pronouncing them again.

véganisme	*production*
animaux	*environnement*
cruel	*produits d'origine animale*
vitamines	*normal*

2 Action pour la nature!

- Talking about animals and the natural world
- Using *il faut* + infinitive

1 In pairs. Look at the animal information cards. Then use your reading skills to work out what the words (1–7) mean.

a

Animal	le panda géant
Habitat	dans la forêt
Mange	des plantes
Menacé par	la déforestation

b

Animal	la tortue marine
Habitat	dans l'eau
Mange	du poisson
Menacé par	la pollution

c

Animal	l'ours polaire
Habitat	au pôle Nord
Mange	de la viande
Menacé par	le changement climatique

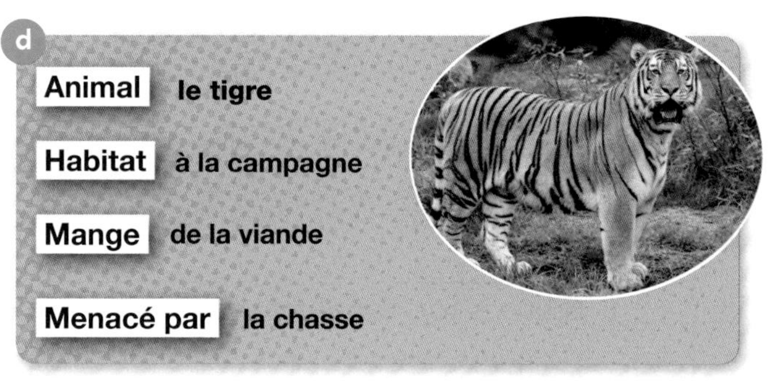

d

Animal	le tigre
Habitat	à la campagne
Mange	de la viande
Menacé par	la chasse

1 géant
2 menacé par
3 la tortue marine
4 l'ours
5 le pôle Nord
6 le changement climatique
7 la chasse

Use context (including pictures) and logic for help. For example, *menacé par* … is followed by words such as *déforestation* and *pollution*. This helps you work out what *menacé par* might mean.

2 Écoute et identifie l'animal de l'exercice 1. (1–4)

3 Copie et complète la description pour chaque animal.

Le ______ habite ______.
Il mange ______.
Il est menacé par ______.

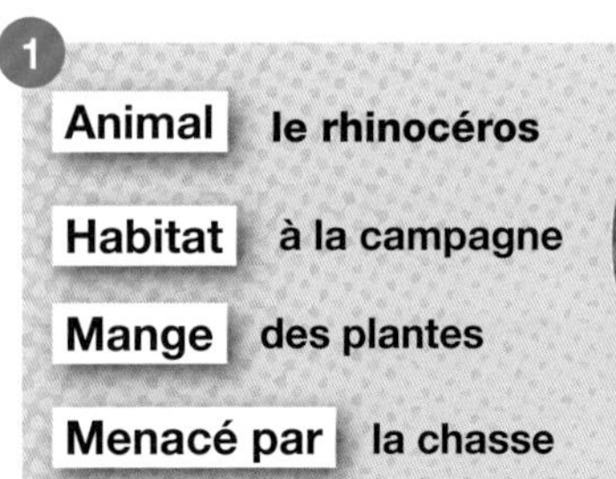

1

Animal	le rhinocéros
Habitat	à la campagne
Mange	des plantes
Menacé par	la chasse

2

Animal	le crocodile des Philippines
Habitat	dans l'eau
Mange	de la viande
Menacé par	la pollution

Lis la brochure et trouve l'équivalent des infinitifs anglais en rouge dans le texte. Puis traduis chaque idée (1–6) en anglais.

to eat | to go | to recycle | to pick up | to leave | to use

S.O.S. ANIMAUX

Qu'est-ce qu'il faut faire pour protéger les animaux menacés?

✓ Il faut ...

1 ramasser les déchets.
2 recycler le papier et les bouteilles.
3 aller au collège à pied ou à vélo.

✗ Il ne faut pas ...

4 manger trop de viande.
5 utiliser trop d'énergie.
6 laisser de sacs en plastique sur la plage.

le/la/les don't need to be translated when they refer to things in general.

Il faut ramasser **les déchets**. You must pick up **litter**.

trop de *too much*

Écoute la discussion et note les deux idées de l'exercice 4 mentionnées par chaque personne: Papa, Zara et Mémé.

Exemple: **Papa:** 2, ...

Il faut + infinitive	You must ...
Il ***ne*** *faut* ***pas*** + infinitive	You must not ...
Il faut recycler le papier.	You must recycle paper.

Page 98

En groupe. Pose la question et réponds. Utilise les idées de l'exercice 4.

- *Qu'est-ce qu'il faut faire pour protéger les animaux menacés?*
- *À mon avis, il faut ...*

Pour + infinitive means 'to' or 'in order to'.

pour protéger les animaux menacés ...

(in order) to protect endangered animals ...

Traduis les phrases en français. Utilise le vocabulaire de l'exercice 4.

Lift the vocabulary you need from different parts of the exercise 4 text.

1 You must go to school on foot or by bike.
2 You must not use too much energy.
3 In my opinion, you must recycle plastic bags.
4 You must not leave litter on the beach.
5 In my opinion, you must never eat too much meat.

les *sacs en plastique*

Use *ne ... jamais.*

Copie et complète les phrases pour écrire un blog sur la protection des animaux.

Il y a beaucoup d'animaux menacés. Par exemple, ...

Pour protéger les animaux, il faut ...

À mon avis, il ne faut pas ...

- Talking about helping the environment
- Using the perfect tense

Au Collège Van Gogh …

1 Lis les posters. Copie et complète les traductions en anglais.

Qu'est-ce qu'on a fait récemment pour aider l'environnement?

J'ai ramassé des déchets.

J'ai recyclé du papier et du plastique.

J'ai acheté des produits bio à la cantine scolaire.

Je suis allé au collège à pied.

On a utilisé moins d'énergie au collège.

On a organisé une campagne anti-plastique.

On can be a synonym for *nous*, meaning 'we'.

1 I picked up ______.
2 I ______ paper and ______.
3 I ______ organic products at the ______.
4 I ______ to school on ______.
5 We ______ less ______ at school.
6 We ______ an ______ campaign.

G

Perfect tense verbs have three parts:

1 the noun or subject pronoun
2 part of the verb ***avoir*** or ***être***
3 the past participle

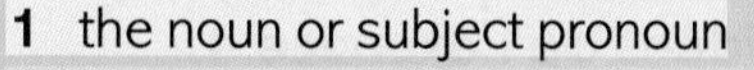

j'ai recyclé   je suis allé   on a utilisé

2 Écoute et note la bonne expression de temps (a–f). Puis écoute encore une fois et note le bon poster de l'exercice 1. (1–4)

Exemple: 1 e, 6

- **a** hier
- **b** le weekend dernier
- **c** lundi dernier
- **d** vendredi dernier
- **e** la semaine dernière
- **f** l'année dernière

3 En tandem. Tu es Asma ou Philippe. Prépare tes réponses, puis répète la conversation. Utilise les notes.

- *Asma, qu'est-ce que tu as fait récemment pour aider l'environnement?*
- *Hier, j'ai recyclé du papier et du plastique. La semaine dernière, …*

4 Lis l'interview et réponds aux questions en anglais.

Interview avec Zita, Côte d'Ivoire

1 Où habites-tu?

J'habite à Abidjan, une grande ville en Côte d'Ivoire.

2 Quels sont les principaux problèmes pour l'environnement dans ton pays?

Dans mon pays, les principaux problèmes sont la déforestation et la pollution des océans.

3 Qu'est-ce que tu fais tous les jours à la maison pour aider l'environnement?

À la maison, je recycle les bouteilles en plastique et on utilise de l'énergie solaire.

4 Qu'est-ce que tu as fait récemment au collège pour aider l'environnement?

Le mois dernier, j'ai organisé une campagne anti-plastique au collège. Hier, j'ai ramassé des déchets avec mes copains.

1 Where does Zita live?
2 What are the main environmental problems in her country?
3 What does she do to help the environment every day at home?
4 What has she done at school recently to help the environment?

Remember, the present tense is used to say what you do now: *Je recycle les bouteilles en plastique.*
The perfect tense is used to say what you have done: *J'ai organisé une campagne anti-plastique.*

5 Écoute l'interview avec Alice et réponds en anglais aux questions de l'exercice 4. (1–4)

6 Écris une interview. Utilise les questions de l'exercice 4 et écris tes propres réponses.

J'habite dans …	un village une ville une grande ville	en	Angleterre. Écosse. Irlande du Nord.
		au	pays de Galles.
Dans mon pays, les problèmes sont			la déforestation. la pollution. le changement climatique.
Tous les jours,	je recycle		le plastique. le papier.
	j'utilise		moins d'énergie. de l'énergie solaire.
	je ramasse		des déchets.
	je vais		au collège à pied.
Hier, La semaine dernière, L'année dernière,	j'ai recyclé		du plastique. du papier.
	j'ai utilisé		moins d'énergie. de l'énergie solaire.
	j'ai ramassé		des déchets.
	je suis allé(e)		au collège à pied.

Use ***le/la/les*** for things in general and ***du/de la/des*** to be more specific.

Je voudrais changer le monde …

- Talking about what you would like to do
- Using *je voudrais* + infinitive

Écouter 1 En tandem. Copie et complète les phrases avec le bon infinitif. Puis écoute et vérifie.

organiser	être	utiliser
acheter	manger	faire

Qu'est-ce que tu voudrais faire pour changer le monde?

1 Je voudrais ______ moins de plastique.

2 Je voudrais ______ moins de vêtements.

3 Je voudrais ______ moins de viande.

4 Je voudrais ______ une campagne anti-déchets.

5 Je voudrais ______ du travail bénévole.

6 Je voudrais ______ membre d'un groupe écolo.

moins de **(+ noun)** *less / fewer*

Écouter 2 Écoute et note en anglais ce que chaque personne voudrait faire. Puis écris la bonne lettre pour la raison (a–d). (1–4)

a Il faut aider les animaux menacés.

b Il faut protéger la planète.

c Il faut combattre le changement climatique.

d Il faut aider les autres.

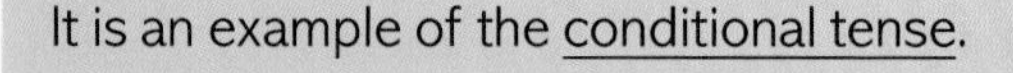

G

Je voudrais means 'I would like'.

It is an example of the conditional tense.

It is followed by the infinitive.

Je voudrais *faire du travail bénévole.*
I would like to do voluntary work.

To say that you would **not** like to do something, put ***ne … pas*** around the verb:

*Je **ne** voudrais **pas** acheter moins de vêtements.*
I would **not** like to buy fewer clothes.

Page 99

Parler 3 En tandem. Pose des questions et réponds sur les six idées de l'exercice 1. Utilise les raisons de l'exercice 2 ou tes propres raisons.

- *Est-ce que tu voudrais utiliser moins de plastique?*
- *Oui, je voudrais utiliser moins de plastique car il faut aider les animaux menacés.*
  Non, je ne voudrais pas utiliser moins de plastique.

Est-ce que …? makes a statement into a question.

Est-ce que *tu voudrais manger moins de viande?*
Would you like to eat less meat?

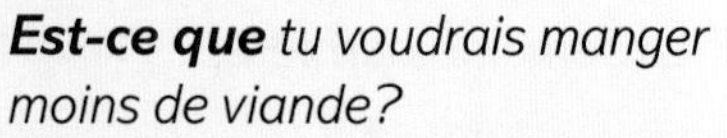

4 Lis l'article et note les détails en anglais.

1 four actions Léo takes to protect the planet
2 two things he did recently
3 three things he would like to do

Mes actions pour protéger la planète

Pour protéger la planète, j'achète des produits bio à la cantine. Je ne mange jamais de viande parce que la production de viande, c'est mauvais pour l'environnement. À la maison, nous recyclons le plastique. Tous les jours, je vais au collège à pied ou à vélo.

Le mois dernier, nous avons utilisé moins d'énergie à la maison. J'ai aussi acheté moins de vêtements.

Mais, à l'avenir, je voudrais faire plus. Je voudrais être membre d'un groupe écolo et je voudrais aussi utiliser moins de plastique à la maison. Dans mon temps libre, je voudrais faire du travail bénévole. **Léo**

5 Écoute et note les détails en anglais pour Esi et Xavier. (1–2)

1 current actions
2 recent actions
3 what he/she would like to do

- current actions: present tense and time phrases such as *tous les jours*
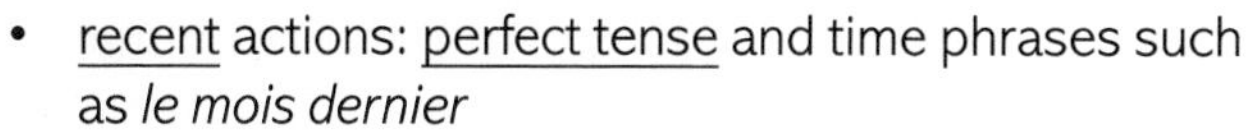
- recent actions: perfect tense and time phrases such as *le mois dernier*
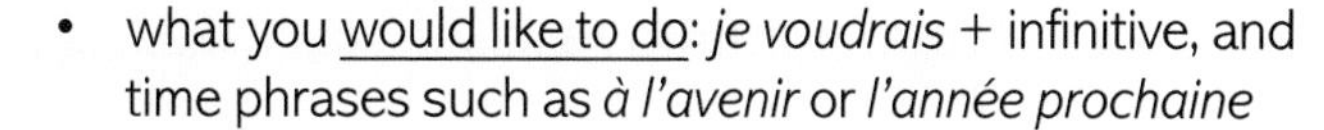
- what you would like to do: *je voudrais* + infinitive, and time phrases such as *à l'avenir* or *l'année prochaine*

6 Écris un paragraphe sur tes actions pour protéger la planète. Utilise le tableau et tes propres idées.

Every day, I …	Last month, I …	In future, I would like …
recycle paper and plastic. don't eat meat.	collected litter. bought organic products.	to buy fewer clothes. to be a member of an eco-group.

7 En tandem. Utilise les images pour préparer tes réponses aux questions. Puis répète la conversation avec ton/ta partenaire.

- *Qu'est-ce qu'il faut faire pour protéger les animaux menacés?*
- *Il faut …, mais il ne faut pas …* ✓ 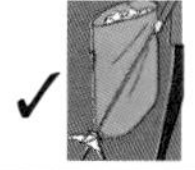 ✗ 

- *Qu'est-ce que tu as fait récemment pour protéger la planète?*
- *J'ai … et je suis …* 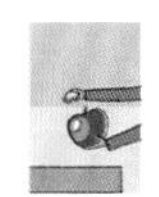 
- *Qu'est-ce que tu voudrais faire pour changer le monde?*
- *Je voudrais …*  

The word *récemment* is a clue that you need to use the perfect tense. Think about the different time phrases you could use in your response: *hier*, *le weekend dernier*, *vendredi dernier*, *la semaine dernière*, *le mois dernier*, etc.

Bilan

P

I can ...

- talk about food and drink .... *Dans le repas, il y a du fromage et du pain.*
- give opinions on food .... *c'est sain / savoureux*
- describe a photo .... *Sur la photo il y a ... Il porte ...*
- use the **partitive article** ('some') .... ***du** riz, **de la** viande, **de l'**eau, **des** frites*
- use the **present tense** to say what someone is doing .... ***il porte** ..., **elle ramasse** ...*

1

I can ...

- talk about eating animal products .... *Je mange de la viande. Je ne mange pas de poisson.*
- take part in a discussion .... *Je suis pour / contre ... Tu es d'accord?*
- use **negative** expressions .... *Je **ne** mange **pas** de viande. Je **ne** bois **jamais** de lait.*

2

I can ...

- understand information about endangered animals .... *menacé par, le changement climatique, la chasse*
- say what we must do to protect animals .... *Il faut ramasser les déchets. Il ne faut pas utiliser trop d'énergie.*
- use ***il faut*** **+ infinitive** .... ***il faut aller**, **il faut recycler***

3

I can ...

- say what I did to help the environment .... *J'ai acheté des produits bio. Je suis allé(e) au collège à pied.*
- say what I do to help the environment every day ...... *Je recycle les bouteilles en plastique. On utilise moins d'énergie.*
- use the **present** and the **perfect** tense together ....*je recycle / j'ai recyclé, j'achète / j'ai acheté*

4

I can ...

- talk about what I would like to do to change the world .... *Je voudrais acheter moins de vêtements. Je voudrais faire du travail bénévole.*
- use ***je voudrais*** **+ infinitive** .... ***Je voudrais utiliser** / **être** ...*
- use **three different tenses** .... ***je recycle** / **j'ai recyclé** / **je voudrais recycler***

Révisions

1 In pairs. Memorise the items in one of the groups. Look away and see how many you can remember in French. Your partner checks your answers.

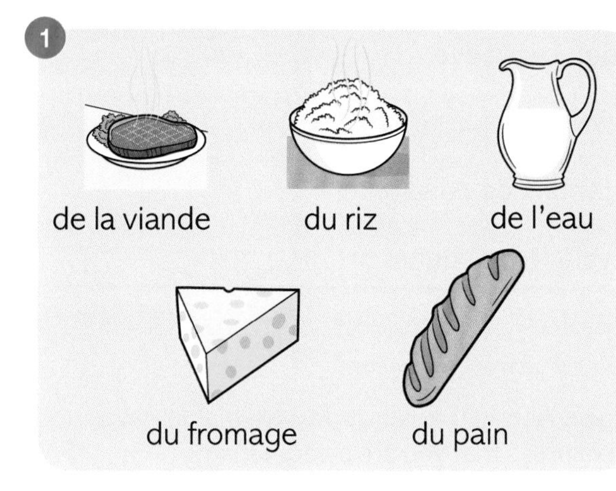

2 Rearrange the French words to translate the English sentences.

1 I don't eat meat. **de mange Je ne pas viande.**

2 I never drink milk. **bois lait. de ne Je jamais**

3 We don't eat fish. **poisson. ne pas Nous mangeons de**

4 I am in favour of veganism. **Je pour suis véganisme. le**

3 Copy and complete the placards with the correct infinitive. Then translate each placard into English.

manger	protéger
utiliser	recycler

1 Il faut ▮ les pandas.

2 Il faut ▮ le plastique.

3 Il ne faut pas ▮ trop de viande.

4 Il ne faut pas ▮ trop d'énergie.

4 Write in English the <u>four</u> things Annie did on Environment Day.

Je suis allée au collège à pied, j'ai acheté des produits bio à la cantine scolaire, j'ai ramassé des déchets sur la plage et on a organisé une campagne anti-plastique au collège.

5 Make three lists in English, saying what Serge:

1 did <u>last year</u> 2 does <u>every day</u> 3 <u>would like</u> to do.

Je voudrais être membre d'un groupe écolo.	J'achète des produits bio au supermarché.	J'ai utilisé moins d'énergie à la maison.
J'ai recyclé du papier et du plastique.	Je voudrais organiser une campagne anti-déchets.	Je vais au collège à pied ou à vélo.

En focus 1: lire et écouter

Sur Internet, tu trouves un forum où les jeunes Français parlent de l'environnement. C'est quelle personne? Écris le bon nom.

Ambre	Le weekend, je travaille pour une organisation caritative.
Mattéo	Je ne suis pas végétarien.
Mathilde	Je ne mange pas de viande et je ne mange jamais de poisson.
Baptiste	Pour protéger les animaux menacés, je recycle le plastique.
Lily	Je suis contre le changement climatique.

1 Qui aide les animaux en danger d'extinction?
2 Qui est végétarien(ne)?
3 Qui fait du travail bénévole?

The questions use **A**lternative words. For example, how else could you express that you are a vegetarian?

Reflect, don't **R**ush! Don't jump to conclusions: just because Mattéo uses the word *végétarien*, this doesn't necessarily mean *Mattéo* is the answer to number 2.

Two French teenagers have been interviewed about the environment for a French magazine. Read the article and answer the questions.

Je voudrais travailler pour un groupe écolo car j'aime aider les animaux. Mais en ce moment je vais au collège. L'année dernière, ma classe a recyclé 500 bouteilles en plastique.

Je ne mange pas de viande depuis l'âge de dix ans. Je n'achète jamais de vêtements en cuir et je porte des chaussures en plastique. La semaine dernière, j'ai organisé une campagne anti-viande au collège.

en cuir *made of leather*

1 Which two statements about Pauline are true?
- **a** She works for an environmental group.
- **b** She likes helping animals.
- **c** She is a school pupil.
- **d** Her class plans to recycle plastic bottles next year.

2 Which two statements about Alexis are true?
- **a** He has not eaten meat since he was 12.
- **b** He buys leather clothes.
- **c** He wears plastic shoes.
- **d** He recently organised an anti-meat campaign.

Tense: Look carefully at the tense of the verbs. For example, *je* ***voudrais travailler*** means 'I **would like** to work' not 'I work'. Look out for helpful time phrases too.

Your French friend has sent you this message. Translate it into English.

À mon avis, le plastique est dangereux. Hier, je suis allé à la plage et j'ai vu beaucoup de sacs en plastique. Je voudrais utiliser moins de plastique à la maison car ma mère ne recycle jamais.

4 Read the text and answer the questions in English.

La protection de la nature

L'homme a un impact considérable sur l'environnement. Il produit beaucoup de déchets et de pollution.

Un réchauffement de quelques degrés de la température a des répercussions sur l'environnement. De plus, des milliers d'hectares de forêts ont été déboisés pour la création de routes.

Il faut faire des lois pour protéger les animaux. La chasse des alligators, par exemple, est réglementée aux États-Unis.

1 Look at the title of the article. What is it about? (1)
2 Look at the first bullet point. What are the two examples of our impact on the environment? (2)
3 Look at the second bullet point. Which two environmental problems are mentioned? Choose from **a** hunting, **b** global warming, **c** deforestation, and **d** pollution. (2)
4 Look at the third bullet point.
a Why is it necessary to make laws? (1)
b Which law is given as an example and where does the law apply? (2)

5 You hear four young French people talking about the environment. What is each person talking about? Write the correct letter. (1–4)

a	litter	**d**	recycling
b	vegetarianism	**e**	clothing
c	endangered animals	**f**	voluntary work

6 A French woman on the radio is talking about the environment. Copy and complete the sentences in English.

1 She thinks the most serious problem in Europe is ______.
2 Recently, she ______.
3 The weather was ______.
4 She saw ______.

Focus on the key words but note down any extra details if you can. For example, the weather might not just be bad, but very bad.

7 Your French friend is a member of an environmental group at his school. What does he say about his actions? Copy and complete the grid in English.

past action	current action	future action
	recycles ...	

TRAPS

Before you start, think about the verb **T**ense you need to recognise for each heading.

En focus 2: parler et écrire

Giving opinions in speaking and writing

- **Spot when you are being asked for your opinion.**
  Look out for phrases such as *À ton avis ..., Exprime ton opinion sur ..., Est-ce que tu aimes / préfères ...?*
- **Give your opinion whenever you can, not just when it is explicitly asked for.**
  For example, if you are asked to describe what you eat, add in what you think of it.
- **Flag up your opinion with a range of opinion phrases.**
  À mon avis ..., Je pense que ..., Je suis pour / contre ...
- **Try to justify your opinion with a reason, using *parce que* or *car*.**
  parce que c'est savoureux. ... car j'aime les animaux.

1 Écouter **Look at the photo card task. Listen to the pupil answering the three questions and the two surprise questions. Note the two surprise questions in English.**

1 Qu'est-ce qu'il y a sur la photo?
2 Est-ce que tu aimes manger de la viande? Pourquoi (pas)?
3 Qu'est-ce que tu as mangé hier soir?

2 Écouter **Listen again to the pupil answering questions 2–5. Note in English any opinions and reasons he gives.**

3 Parler **In pairs. Prepare your own answers to the photo card task. Then listen to the questions and complete the task. Be ready to answer the two different sets of surprise questions. (1–2)**

To describe the photo, remember the four Ws (**Who**, **Where**, **What**, **Weather**).
For the other bullet points, use the toolkit for help with adding in some opinions.

4 Parler **En tandem. Discute de ces questions. Puis prépare tes réponses aux questions et répète la conversation avec ton/ta partenaire.**

1 Qu'est-ce que tu aimes manger?

J'adore la glace car c'est délicieux. Je déteste le fromage parce que ce n'est pas bon. — Give some examples of foods you like, and why. Add in what you hate, and why.

2 Qu'est-ce que tu as mangé le weekend dernier?

Samedi dernier, j'ai mangé une pizza et j'ai bu un coca. À mon avis, ce n'était pas sain. — Say what you ate and drank. Add in how healthy or unhealthy it was.

3 Qu'est-ce que tu voudrais faire pour aider la planète?

Je voudrais acheter moins de vêtements et je voudrais être membre d'un groupe écolo parce que j'adore les animaux. — Give two activities you would like to do, even if untrue. Add in a reason, if you can.

5 You see this photo on Facebook. Translate the sentences into French.

'She is recycling' and 'she recycles' are the same in French.

'**in** the photo' – ***Sur*** …
'**in** the garden' – ***dans*** …

You don't need the word 'weather' – you need a phrase starting *Il fait* …

1 In the photo there is a girl.
2 She is in the garden.
3 She is recycling bottles.
4 The weather is nice and it is hot.
5 Yesterday I went into town and I bought a tee-shirt.
6 I would like to buy fewer clothes.

Which tense do you need?

moins de

6 In pairs. Look at the writing task and work out:

1 the overall subject from the heading
2 what exactly you should write about for each bullet point
3 which bullet point refers to:
a the past; **b** the present; **c** what you would like to do; **d** your opinion.

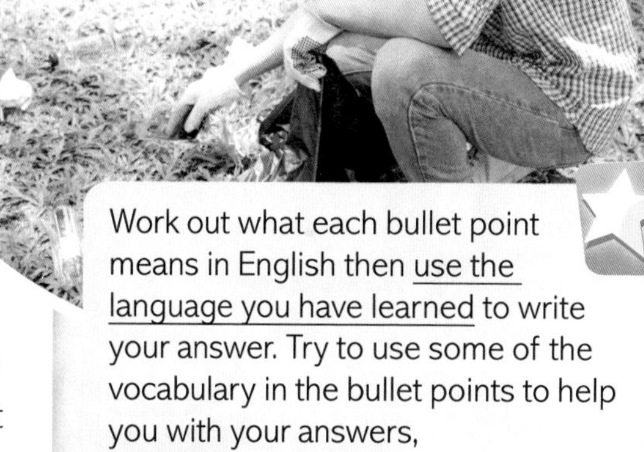

Tu écris un blog sur l'environnement.

Décris:
- ton opinion sur le véganisme
- ce que tu fais au collège pour aider l'environnement
- ce que tu as fait récemment à la maison pour aider l'environnement
- ce que tu voudrais faire pour aider les animaux menacés.

Écris **80–90** mots en **français**. Réponds à chaque aspect de la question.

Work out what each bullet point means in English then use the language you have learned to write your answer. Try to use some of the vocabulary in the bullet points to help you with your answers,
***Au collège**, je* …
Pour aider l'environnement, …

7 In pairs. Read the two pupils' responses to the first bullet point and answer the questions.

1 Who uses …?
  a short sentences
  b extended sentences
  c a variety of opinion phrases
  d repeated opinion phrases
  e what they have learned in this module
2 Which response do you think is better, and why?

Je déteste le véganisme. J'adore le bacon. C'est super. J'adore le porc. C'est super. J'adore le steak. C'est super. **Terri**

Je suis contre le véganisme car la viande, c'est très savoureux. En plus, à mon avis, manger des animaux, c'est normal. **Alex**

8 Write your own response for the task in exercise 6. Use the toolkit to make sure you give plenty of opinions.

Don't forget to include:
- opinions and reasons
- a variety of vocabulary
- extended, linked sentences.

En plus

Écoute la conversation et note les réponses de Max (a, b ou c). Puis calcule son score et lis la conclusion.

Es-tu écolo?

1 Quand est-ce que tu manges du bœuf?
- **a** tous les jours
- **b** quelquefois
- **c** jamais

2 Es-tu pour ou contre les zoos?
- **a** Pour, car j'aime voir des animaux en captivité
- **b** Contre, car c'est cruel
- **c** Pour, car les zoos conservent les animaux

3 «Il faut manifester pour le climat.» Es-tu d'accord?
- **a** Non, c'est inutile.
- **b** Je préfère travailler avec un groupe écolo.
- **c** Je suis d'accord.

4 Comment est-ce que tu bois de l'eau au collège?
- **a** J'achète des bouteilles d'eau en plastique, mais je ne recycle pas.
- **b** Je recycle mes bouteilles en plastique.
- **c** Je réutilise ma bouteille.

5 Combien de vêtements est-ce que tu as acheté récemment?
- **a** beaucoup
- **b** un ou deux
- **c** Je n'ai pas acheté de vêtements.

6 Qu'est-ce que tu voudrais faire à l'avenir?
- **a** avoir une grosse Ferrari
- **b** aider les animaux
- **c** protéger la planète

Pour calculer ton score: a = 1 point b = 2 points c = 3 points		
6–9 points: Tu n'es pas très écolo. Il faut faire plus d'efforts.	**10–14 points:** Pas mal! Tu penses souvent à la planète.	**15–18:** Bravo! Protéger la planète, c'est ta passion.

manifester *to demonstrate / protest*

En groupe. Pose les questions du quiz à tes camarades. Note les réponses de chaque personne et calcule son score. Puis lis la bonne conclusion pour chaque personne.

3 Trouve la bonne photo pour chaque description.

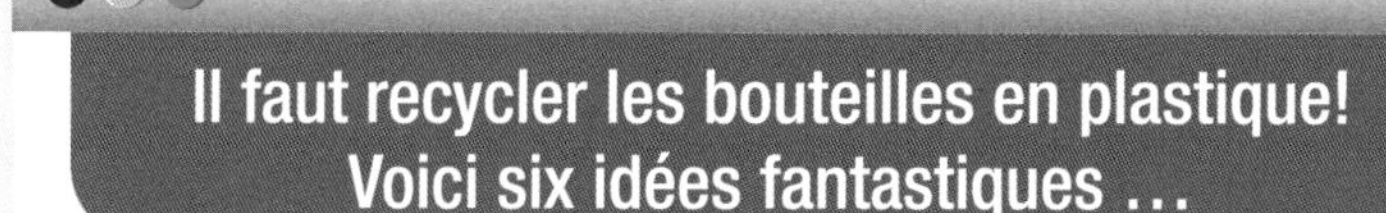

Il faut recycler les bouteilles en plastique! Voici six idées fantastiques …

1. J'ai créé une petite maison. C'est pour les plantes dans le jardin.
2. J'ai créé la statue d'un éléphant. C'est pour le jardin. Maintenant, je voudrais faire la statue du directeur pour mon collège!
3. Avec mes copines, j'ai créé un bateau. C'est pour la rivière. On a participé à un festival écolo sur la rivière.
4. J'ai créé un arbre de Noël en bouteilles vertes. C'est pour la rue ou pour la maison.
5. Au collège, j'ai créé des pots de crayons. C'est pour la salle de classe.
6. J'ai créé une mangeoire. C'est pour les oiseaux dans mon jardin. À mon avis, il faut protéger la nature.

a 

b 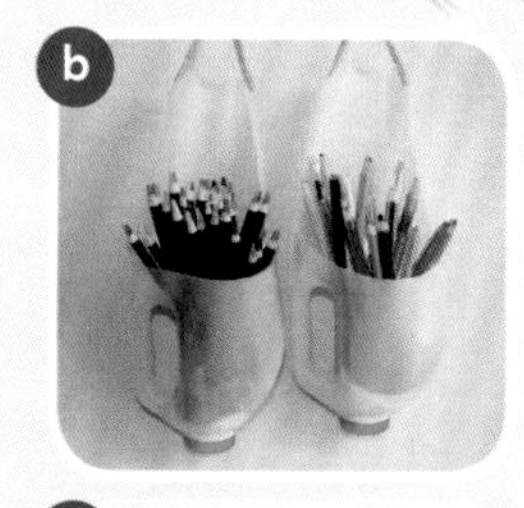

c 

d 

e 

f 

4 Écoute et identifie la bonne photo de l'exercice 3 et l'opinion. (1–6)

Exemple: **1** d – C'est créatif.

C'est beau. **C'est bizarre.** **C'est utile.**

C'est créatif. **C'est pratique.** **Ce n'est pas beau.**

5 En tandem. Regarde les photos de l'exercice 3 et discute des différentes idées.

- *Qu'est-ce que tu penses de l'idée sur la photo a?*
- *Je pense que c'est pratique. Tu es d'accord?*
- *Oui, je suis d'accord. À mon avis, c'est pratique, mais ce n'est pas beau.*

Use phrases like these in your discussion:

Giving your opinion	*À mon avis, …* *Je pense que …* *Pour moi, …*
Agreeing and disagreeing	*Tu es d'accord?* ✓ *Je suis d'accord.* ✗ *Je ne suis pas d'accord.* ✗ *Tu rigoles!*

6 En tandem. Tu participes à une compétition pour créer un objet avec des bouteilles en plastique recyclées. Crée ou dessine ton objet. Puis écris une description de ton objet pour la compétition. Utilise le dictionnaire si nécessaire.

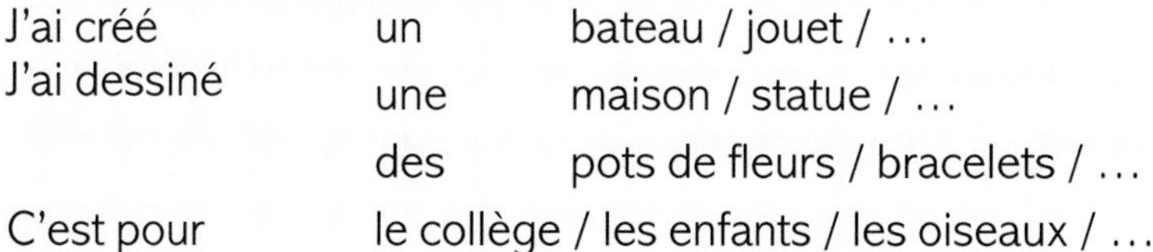

J'ai créé J'ai dessiné	un	bateau / jouet / …
	une	maison / statue / …
	des	pots de fleurs / bracelets / …
C'est pour	le collège / les enfants / les oiseaux / …	
Je pense que À mon avis,	c'est ce n'est pas	beau / utile / créatif / bizarre / pratique.

Grammaire

Negatives (Unit 1, page 82)

1 Write out the sentences in French and translate them into English.

1 Jenemangepasdeviande.
2 Jeneboispasdelait.
3 Jen'achètejamaisdepoisson.
4 Nousn'allonspasaucollègeàvélo.
5 Jen'aipasrecyclédebouteilles.
6 Jenesuispasalléàlaplage.

2 Make the sentences negative by putting *ne … pas* or *ne … jamais* in the correct place, and changing the article to *de* if necessary.

ne … pas

1 Je recycle.
2 Je mange du poisson.
3 Hier soir, j'ai mangé des légumes.

ne … jamais

4 Je fume.
5 Nous mangeons de la viande.
6 Je suis allée à la plage à pied.

Negative expressions form a sandwich around the verb.

Not: *je **ne** mange **pas*** I do not (don't) eat
Never: *je **ne** mange **jamais*** I never eat

After *pas* and *jamais*, *un*/*une* and *du*/*de la*/*des* change to *de*:

*Je ne mange **pas de** viande.* I don't eat meat.

ne is shortened to ***n'*** in front of a vowel:
*Je **n'**achète jamais de viande.*
I never buy meat.

In the perfect tense, the negative goes around the part of *avoir* or *être*:

*Je **n'**ai **pas** mangé de viande.* I didn't eat (any) meat.

*Je **ne** suis **jamais** allé(e) au collège à pied.*
I never went to school on foot.

Il faut + infinitive (Unit 2, page 85)

3 Put the words into the correct order to translate the English sentences.

1 You must recycle bottles.	Il recycler faut bouteilles. les
2 You must work hard.	travailler faut Il dur.
3 You must not eat meat.	viande. Il de faut pas ne manger
4 You must not stay in bed.	Il faut ne rester pas au lit.
5 You must never smoke.	Il faut fumer. jamais ne

4 Choose the correct form of the verb to complete each classroom rule. Then translate the rules into English.

1 Il faut **écoute** / **écouter** / **écoutez** la professeur.
2 Il faut **parlé** / **parle** / **parler** français en tandem.
3 Il faut **faire** / **fait** / **fais** les devoirs.
4 Il faut **avoir** / **être** / **aller** poli et respectueux.
5 Il ne faut pas **mange** / **mangé** / **manger** de chewing-gum.

Il faut means 'you must' or 'it is necessary to'. The infinitive is used after *il faut*.

***Il faut** recycler*. You must recycle.

Negative expressions form a sandwich around the verb *faut*:

*Il **ne** faut **pas** utiliser trop d'énergie.*
You must not use too much energy.

Je voudrais + infinitive (Unit 4, page 88)

5 Choose a suitable word from each column to write five things you would like to do at the weekend.

Je voudrais	aider	du judo.
	manger	mes parents.
	recycler	à la plage.
	aller	les bouteilles.
	faire	un steak-frites.

Je voudrais is an example of the conditional tense, which is translated using the word 'would'.

Je voudrais means 'I would like' and it is followed by the infinitive.

Je voudrais *changer le monde.*
I **would like** to change the world.

6 Copy out the sentences, translating the English words into French. Then translate each complete sentence into English.

1 (*I would like*) manger moins de viande.
2 Je voudrais (*to help*) les animaux.
3 Je voudrais (*to go*) au Canada.
4 (*I would like*) (*to be*) plus écolo.
5 (*I would like*) (*to recycle*) mes vêtements.

Using three different time frames (Unit 4, page 89)

7 Use the infinitive in bold to help you translate the three verbs into French.

Example: **1 a** je recycle **b** j'ai recyclé **c** je voudrais recycler

1 recycler	**a** I recycle	**b** I recycled	**c** I would like to recycle
2 porter	**a** I am wearing	**b** I wore	**c** I would like to wear
3 aller	**a** I am going	**b** I went	**c** I would like to go
4 travailler	**a** I work	**b** I worked	**c** I would like to work
5 faire	**a** I do	**b** I did	**c** I would like to do
6 acheter	**a** I buy	**b** I bought	**c** I would like to buy

When you are talking about different time frames in French, using verbs correctly is vital.

Present tense verbs

*je mang**e*** I eat or I am eating *je **vais*** I go or I am going

Remember, there is only one present tense form in French.

Perfect (past) tense verbs

j'ai *mang**é*** I ate *je **suis*** *allé**(e)*** I went

The conditional tense verb *je voudrais*

je voudrais *manger* I would like to eat ***je voudrais*** *aller* I would like to go

Vocabulaire

Point de départ (pages 80–81)

Qu'est-ce qu'on mange à la cantine scolaire?	*What do you eat at the school canteen?*
Dans le repas, il y a …	*In the meal, there is …*
du fromage / du lait	*cheese / milk*
du pain / du riz	*bread / rice*
de la soupe	*soup*
de la viande	*meat*
de l'eau	*water*
des frites / des haricots	*chips / beans*
des légumes	*vegetables*
des pommes de terre	*potatoes*
des sandwichs	*sandwiches*
un fruit	*a piece of fruit*
un jus de fruits	*a fruit juice*
C'est …	*It is …*
Ce n'est pas …	*It isn't …*
délicieux / savoureux.	*delicious / tasty.*
sain / simple.	*healthy / simple.*
Mon repas préféré, c'est …	*My favourite meal is …*
Sur la photo, il y a …	*In the photo, there is …*
un homme / une femme.	*a man / a woman.*
un garçon / une fille.	*a boy / a girl.*
Il/Elle est …	*He/She is …*
au collège.	*at school.*
à la plage.	*at the beach.*
à la campagne.	*in the country(side).*
Il/Elle porte …	*He/She is wearing …*
un tee-shirt.	*a tee-shirt.*
un gilet vert.	*a green hi-vis/waistcoat.*
Il/Elle ramasse des déchets.	*He/She is picking up litter.*
Il fait beau.	*The weather is nice/sunny.*
Il fait mauvais.	*The weather is bad.*
Il pleut.	*It is raining.*

Unité 1 (pages 82–83) *Est-ce que tu manges de la viande?*

Est-ce que tu manges de la viande?	*Do you eat meat?*
Je mange …	*I eat …*
du poisson.	*fish.*
de la viande.	*meat.*
beaucoup de fruits et de légumes.	*lots of fruit and vegetables.*
Je bois du lait.	*I drink milk.*
Je ne mange pas …	*I don't eat …*
Je ne mange jamais …	*I never eat …*
de viande / de poisson.	*meat / fish.*
de produits d'origine animale.	*animal products.*
Je ne bois pas de lait.	*I don't drink milk.*
Est-ce que tu es pour ou contre le véganisme?	*Are you in favour of or against veganism?*
Je suis pour le véganisme.	*I am in favour of veganism.*
Je suis contre le véganisme.	*I am against veganism.*
C'est sain.	*It's healthy.*
La production de viande, c'est mauvais pour l'environnement.	*Meat production is bad for the environment.*
Manger des animaux, c'est cruel.	*Eating animals is cruel.*
Il y a beaucoup de vitamines dans la viande, le lait et le poisson.	*There are lots of vitamins in meat, milk and fish.*
La viande, c'est très savoureux.	*Meat is very tasty.*
Manger des animaux, c'est normal.	*It is normal to eat animals.*

Unité 2 (pages 84–85) *Action pour la nature!*

Le panda géant	*The giant panda*
Le tigre	*The tiger*
La tortue marine	*The sea turtle*
L'ours polaire	*The polar bear*
Le rhinocéros	*The rhinoceros*
Le crocodile	*The crocodile*
habite …	*lives …*
dans la forêt.	*in the forest.*
dans l'eau.	*in the water.*
à la campagne.	*in the countryside.*
est menacé(e) par …	*is threatened by …*
le changement climatique.	*climate change.*
la chasse.	*hunting.*
la déforestation.	*deforestation.*
la pollution.	*pollution.*
Qu'est-ce qu'il faut faire pour protéger les animaux menacés?	*What must you do to protect endangered animals?*

Unité 2 (pages 84–85) *Action pour la nature!*

Il faut …	*You must …*
ramasser les déchets.	*pick up litter.*
recycler le papier et les bouteilles.	*recycle paper and bottles.*
aller au collège à pied ou à vélo.	*go to school on foot or by bike.*
Il ne faut pas …	*You must not …*
manger trop de viande.	*eat too much meat.*
utiliser trop d'énergie.	*use too much energy.*
laisser de sacs en plastique sur la plage.	*leave plastic bags on the beach.*

Unité 3 (pages 86–87) *Mission écolo!*

Qu'est-ce qu'on a fait récemment pour aider l'environnement?	*What have we done recently to help the environment?*
J'ai ramassé des déchets.	*I picked up litter.*
J'ai recyclé du papier et du plastique.	*I recycled paper and plastic.*
J'ai acheté des produits bio.	*I bought organic products.*
Je suis allé(e) au collège à pied.	*I went to school on foot.*
On a utilisé moins d'énergie.	*We used less energy.*
On a organisé une campagne anti-plastique.	*We organised an anti-plastic campaign.*
je recycle	*I recycle*
j'ai recyclé	*I recycled*
j'utilise	*I use*
j'ai utilisé	*I used*
je ramasse	*I collect/pick up*
j'ai ramassé	*I collected/picked up*

Unité 4 (pages 88–89) *Je voudrais changer le monde …*

Qu'est-ce que tu voudrais faire pour changer le monde?	*What would you like to do to change the world?*
Je voudrais …	*I would like …*
utiliser moins de plastique.	*to use less plastic.*
acheter moins de vêtements.	*to buy fewer clothes.*
manger moins de viande.	*to eat less meat.*
organiser une campagne anti-déchets.	*to organise an anti-litter campaign.*
faire du travail bénévole.	*to do voluntary work.*
être membre d'un groupe écolo.	*to be a member of a green group.*
Il faut aider les animaux menacés.	*You/We must help endangered animals.*
Il faut protéger la planète.	*You/We must protect the planet.*
Il faut combattre le changement climatique.	*You/We must fight climate change.*
Il faut aider les autres.	*You/We must help others.*

Les mots essentiels *High-frequency words*

For giving opinions

Je suis pour / contre …	*I am for / against …*
À mon avis, …	*In my opinion, …*
Pour moi,…	*For me, …*
Je pense que …	*I think that …*
Tu es d'accord?	*Do you agree?*
Je suis d'accord.	*I agree.*
Je ne suis pas d'accord.	*I disagree.*
Tu rigoles!	*You must be joking!*

Time phrases

hier	*yesterday*
lundi dernier	*last Monday*
le weekend dernier	*last weekend*
la semaine dernière	*last week*
l'année dernière	*last year*

Stratégie

When you are learning new vocabulary, grouping words together can help you remember them.

You can group by **meaning**:
e.g. *du pain / du fromage / de la viande* are all **foods**.

You can group by **word type**:
e.g. *faire / manger / être* are all verb **infinitives**.

You can group by **word family**:
e.g. *du plastique / en plastique / anti-plastique* all contain the word ***plastique***.

Le monde francophone

1 Quel pays voudrais-tu visiter?

- Using different articles
- Talking about countries you would like to visit

Listen and read the sentences. Which photo is it? (1–4)

Quel pays francophone voudrais-tu visiter?

1. Je voudrais visiter **la** Belgique. **La** capitale, c'est Bruxelles.
2. **Le** Parlement européen est à Bruxelles. C'est **un** bâtiment moderne.
3. Je voudrais visiter **l'**Atomium. C'est **un** monument fabuleux.
4. Je voudrais manger **des** moules-frites car j'adore **les** frites.

a 

b 

c 

d 

Copy and complete the English translations of the sentences from exercise 1, paying special attention to the articles.

1. I would like to visit ___ . ___ capital is Brussels.
2. ___ is in Brussels. It is ___ modern building.
3. I would like to visit ___ Atomium. It is ___ .
4. I would like to eat ___ because I love ___ .

Listen and identify the correct country. (1–4)

G

	indefinite article (a)	definite article (the)
masculine singular	*un*	*le*
feminine singular	*une*	*la*
before a vowel	*un* or *une*	*l'*
plural	*des* (some)	*les*

French articles are often used as in English:

le Parlement européen **the** European Parliament

un bâtiment moderne **a** modern building

Sometimes, ***le/la/les*** are used in French where they are not needed in English:

with countries:

*Je voudrais visiter **la** Belgique.* I would like to visit Belgium.

with opinions:

*J'adore **les** moules.* I love mussels.

The plural form of the indefinite article, ***des***, can be translated as 'some' or not translated at all:

*Je voudrais manger **des** moules.* I would like to eat **some** mussels. **Or:** I would like to eat mussels.

In pairs. Use the information from exercise 3 and the grid to say a sentence about each country.

Je voudrais visiter …	le Canada	car il y a …	un festival de jazz	et	j'adore	le surf.
	le Laos		une mosquée		j'aime	la musique.
	la Martinique		des plages			les animaux.
	la Tunisie		des éléphants			l'histoire.

In pairs. Using the grid, note one place and one food for each country. Then listen and check if your guesses are correct. Note the correct answers. (1–4)

Je voudrais visiter …	Je voudrais aller …	Je voudrais manger …
1 le Vietnam. **2** le Gabon. **3** la Suisse. **4** les Seychelles.	**a** **au** lac de Genève. **b** **au** parc national. **c** **à la** plage. **d** **aux** temples bouddhistes.	**e** **du** poulet fumé. **f** **du** chocolat. **g** **de la** soupe. **h** **des** fruits de mer.

In pairs. Use the correct answers from exercise 5. Choose a country and memorise the three sentences about it. Your partner checks whether you say them correctly.

Example: *Je voudrais visiter le Vietnam. Je voudrais aller … et je voudrais manger …*

Watch out for the different words for 'to the' and 'some' in French.

le and ***les*** combine with ***à*** (to) and ***de*** (of):

	to the	some
masculine singular	*à + le* ➡ ***au***	*de + le* ➡ ***du***
feminine singular	*à + la* ➡ ***à la***	*de + la* ➡ ***de la***
before a vowel or *h*	*à + l'* ➡ ***à l'***	*de + l'* ➡ ***de l'***
plural	*à + les* ➡ ***aux***	*de + les* ➡ ***des***

*Je voudrais aller **aux** temples.*
I would like to go **to the** temples.

The words for 'some' are useful when you are talking about 'some of' a food or drink, but you don't always need to translate *du/de la/de l'/des* into English.

*Je voudrais manger **du** poulet fumé.*
I would like to eat **some** smoked chicken. /
I would like to eat smoked chicken.

Read the text and then translate it into English. Pay attention to the articles.

Je voudrais visiter le Sénégal parce que j'aime le surf. Il y a un musée d'art africain à Dakar, la capitale. Je voudrais aller au musée et au parc national car j'aime les girafes. Je voudrais manger du poisson, du riz et des fruits de mer.

2 On va voir des choses extraordinaires!

- Using adjectives
- Describing impressive places

Check you know the meaning of the adjectives in the box. Then listen and note the place each person would like to visit and the three French adjectives used to describe that place. (1–5)

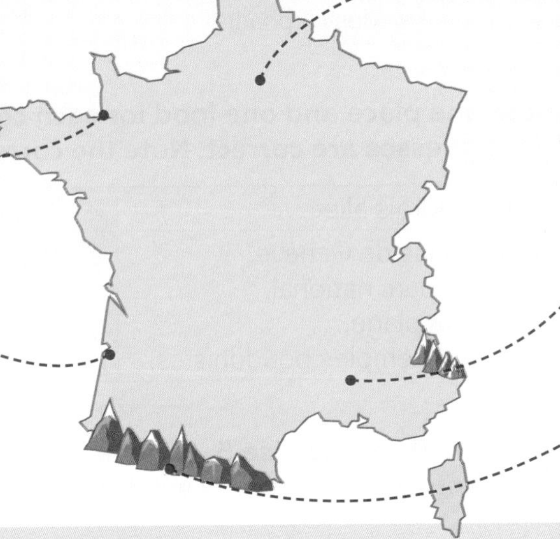

unique célèbre intéressant/intéressante impressionnant/impressionnante
fabuleux/fabuleuse mystérieux/mystérieuse beau/belle vieux/vieille

In pairs. Describe each of the places from exercise 1, using the blue grid for help.

- *Il est comment, le Mont-Saint-Michel?*
- *Le Mont-Saint-Michel est …, … et …*

Pronounce these pairs of adjectives, making sure you pronounce the final *–t* or *–d* only for the **feminine** form.

*intéressant/intéressan**te***
*impressionnant/impressionnan**te***
*grand/gran**de***

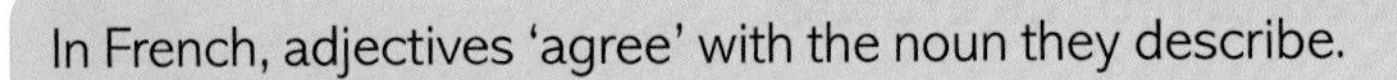

G

In French, adjectives 'agree' with the noun they describe.

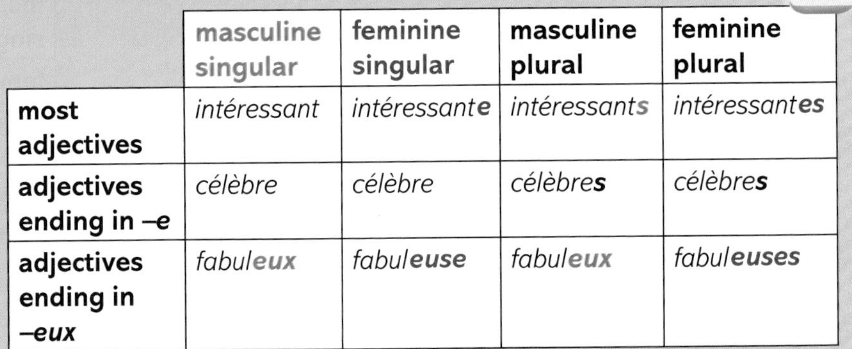

	masculine singular	feminine singular	masculine plural	feminine plural
most adjectives	*intéressant*	*intéressant**e***	*intéressant**s***	*intéressant**es***
adjectives ending in *–e*	*célèbre*	*célèbre*	*célèbre**s***	*célèbre**s***
adjectives ending in *–eux*	*fabul**eux***	*fabul**euse***	*fabul**eux***	*fabul**euses***

beau (m) (beautiful) changes to ***belle*** (f)
vieux (m) (old) changes to ***vieille*** (f)

Use three adjectives to describe each of the places from exercise 1. Make the adjectives agree if necessary. Use *très* and *vraiment* as well.

Le Mont-Saint-Michel Le pont du Gard Le Mont Perdu	est	très vraiment	intéressant / impressionnant / fabuleux / mystérieux / beau / vieux.
La tour Eiffel La dune du Pilat			intéressante / impressionnante / fabuleuse / mystérieuse / belle / vieille.
			uniqu**e** / célèbr**e**.

La dune du Pilat est très mystérieuse, … et …

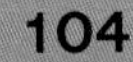

4 Listen and identify the correct photo. (1–4)

a – les arènes d'Arles

b – Carcassonne

c – l'Aiguille du Midi

d – Chenonceau

C'est	un	grand	pont	impressionnant.
		beau	monument	historique.
		vieux	château	fabuleux.
	une	grande	montagne	impressionnante.
		belle	ville	historique.
		vieille	mosquée	fabuleuse.

G

Most adjectives come after the noun they describe.

*un pont **historique*** a historic bridge

A few adjectives come before the noun. These include:

grand petit beau (belle) vieux (vieille)

*une **grande** mosquée* a big mosque

5 In pairs. Use the grid to say a sentence about one of the photos from exercise 4. Your partner identifies the correct photo.

- *C'est une vieille ville historique.*
- *C'est b?*
- *Oui!*

6 Read the text and answer the questions in English.

Je m'appelle Chloé et j'habite dans un petit village tranquille en France.

En France, il y a 44 sites UNESCO. Par exemple, il y a le beau château de Versailles et le pont du Gard, un vieux pont intéressant. Il y a aussi Carcassonne, une vieille ville très impressionnante.

À mon avis, l'UNESCO est une organisation importante parce qu'elle préserve des monuments uniques.

UNESCO is a United Nations organisation. Based in Geneva, it works to protect, preserve and repair world heritage sites. Do some research and find examples of UNESCO sites in the UK.

1. Where exactly does Chloé live?
2. How many UNESCO sites are there in France?
3. Name and describe the three examples Chloé gives.
4. What does she think of UNESCO, and why?

7 Sami has written about UNESCO sites in his country. Rewrite his sentences, putting the words in brackets into the correct order.

1. J'habite dans (ville petite une) en Tunisie.
2. Il y a (beau le parc national) d'Ichkeul.
3. Il y a (le impressionnant grand amphithéâtre) d'El Jem.
4. Il y a (intéressante la mosquée vieille) de Kairouan.
5. À mon avis, l'UNESCO est (importante très une organisation).

3 Réserver des excursions

- Using verbs with the infinitive
- Talking about holiday activities

Listen and identify the correct picture. Then listen again and note down the opinion(s): ♥♥, ♥, ✗♥ ou ✗♥♥. (1–8)

♥♥ J'adore	manger	au resto.
♥ J'aime	aller	à la piscine.
✗ Je n'aime pas		à la plage.
✗✗ Je déteste	faire	du surf.
		du vélo.
		des promenades.
	visiter	des musées.
		des monuments historiques.

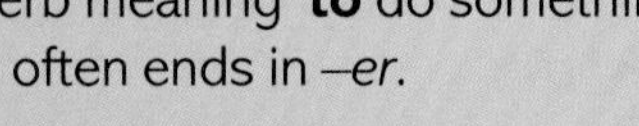

G

The infinitive is the form of the verb meaning '**to** do something'. It often ends in *–er*.

manger to eat

Infinitives are used after opinion verbs. You can sometimes translate the infinitive into English using '–ing'.

J'adore visiter *des musées.*
I love visiting museums.

Je ***n'aime pas*** *manger au resto.*
I don't like eating out.

In groups. Ask each other about the activities from exercise 1. Note down each person's opinions, then work out the most popular holiday activity for your group.

- *Est-ce que tu aimes visiter des musées?*
- *Oui, j'adore visiter des musées! / Non, je n'aime pas visiter des musées.*

Translate the sentences into French, using *et*, *mais* and *aussi*. Remember to use the correct infinitive after the opinion verbs.

1. I don't like going to the beach.
2. I like going surfing and I also like visiting historic monuments.
3. I like going cycling but I hate going to the swimming pool.
4. I love visiting museums and I also love going for walks.
5. Do you like eating out?

In French, *aussi* comes between the opinion verb and the infinitive.

J'aime ***aussi*** *visiter des musées.*
I **also** like visiting museums.

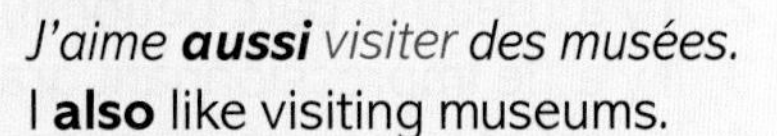

4 Read the conversation at the tourist office in Saint-Jean-de-Luz and answer the questions in English.

Touriste: Bonjour, madame. Qu'est-ce qu'on peut faire ici?
Réceptionniste: On peut aller à la plage, on peut visiter le musée et on peut manger dans des restaurants traditionnels.
Touriste: Mmm, je ne veux pas visiter le musée. Mais je veux manger au restaurant. Je veux aussi faire du sport.
Réceptionniste: Bonne idée. On peut jouer au tennis et on peut faire du surf sur l'océan Atlantique.
Touriste: Merci, madame.

1 What are the first three activities which the assistant suggests?
2 What does the tourist say about visiting the museum?
3 Which two activities does he want to do?
4 Which two final suggestions does the assistant make?

G

The infinitive is used after modal verbs such as *pouvoir* (to be able to) and *vouloir* (to want to).

***On peut aller** à la plage.* You can go to the beach.

***Je veux faire** du vélo.* I want to go cycling.

To make these verbs negative, put ***ne … pas*** around the modal verb.

*Je **ne** veux **pas** aller au resto.* I **don't** want to eat out.

5 Listen to three more conversations in the tourist office. Copy and complete the grid in English. (1–3)

	what the tourist wants to do	suggested activities
1		

6 In pairs. Use the information to prepare two conversations at the tourist office. Then perform or record the two conversations, taking turns to be the tourist.

- *Bonjour, madame. Qu'est-ce qu'on peut faire ici?*
- *Bonjour, monsieur. On peut …*
- *Mmm, merci. Je veux … Mais je ne veux pas …*
- *Bonne idée. Au revoir, monsieur.*

Le Château du Val

- visiter le château
- porter un costume médiéval
- faire un pique-nique
- visiter le lac

Touriste 1:

Touriste 2:

After *je ne veux pas*, ***un*** and ***une*** change to ***de***.

*Je ne veux pas porter **de** costume médiéval.*

Projet 4 Visite à un pays francophone!

- Showcasing what you have learned
- Preparing a fact file and advert for a French-speaking country

Read the fact files about three French-speaking countries. Using the answers about Monaco for help, answer the questions in French for the two other countries.

Pays	la principauté de Monaco
Continent	Europe
Paysage	plages, montagnes
À visiter	le port, le circuit de formule 1

Pays	les îles Wallis-et-Futuna
Continent	Océanie
Paysage	plages, volcans
À visiter	l'église de Laeva

Pays	le Gabon
Continent	Afrique
Paysage	forêts tropicales, rivières, plages
À visiter	le parc national

1 Le pays est sur quel continent?
La principauté de Monaco est en Europe.
2 Il est comment, le paysage?
Il y a des plages et des montagnes.
3 Qu'est-ce qu'on peut visiter ici?
On peut visiter le port et le circuit de formule 1.

- Use ***des*** for question 2, and the definite article ***le/la/l'/les*** for question 3.
- *les îles* (the islands) is a plural noun, so use ***sont*** (are) instead of ***est*** (is) when you are saying where the islands of Wallis and Futuna are.

Listen to three people talking about a country from exercise 1. Copy and complete the grid in English. Then work out which country each person is talking about. (1–3)

	landscape	wants to visit …	loves …	country?
1				

In groups. Ask and answer the questions, choosing one of the countries from exercise 1. Use the grid for help. Which is the most popular country in your group?

- *Quel pays est-ce que tu voudrais visiter?*
- *Je voudrais visiter …*
- *Pourquoi?*
- *Il y a … Je veux visiter … et j'adore …*

Je voudrais means 'I would like'.
Je veux means 'I want'.
Both verbs are followed by the infinitive.

Je voudrais visiter		(le Gabon).	
Il y a	des	volcans	fabuleux. impressionnants.
		plages montagnes forêts rivières	fabuleuses. impressionnantes.
Je veux visiter		le port / le parc national. l'église.	
J'adore		le surf / le café. la nature / la formule 1. les monuments historiques.	

Choose a French-speaking country. Do some research and create a fact file about it, similar to those in exercise 1.

- Visit www.francophonie.org to find a map of French-speaking countries.
- Search online for the facts you need, using *office de tourisme* and the name of your chosen country.
- Don't copy out chunks of language you don't understand: keep things simple.

Listen and read. Note the missing infinitives in French (1–6). Then read the grammar box and translate the three phrases in bold into English.

1 À Monaco, on peut **1** la formule 1 et on peut **2** des fruits de mer. À mon avis, **Monaco est plus célèbre que le Gabon**.

2 Aux îles Wallis-et-Futuna on peut **3** du surf. On peut aussi **4** les oiseaux. À mon avis, **les îles Wallis-et-Futuna sont plus tranquilles que Monaco**.

3 Au Gabon, on peut **5** de la musique traditionnelle et on peut **6** au parc national. Je pense que **le Gabon est plus intéressant que les îles Wallis-et-Futuna**.

Monaco

Do some research and write a few sentences about what you can do in the French-speaking country you chose for exercise 4.

On peut manger du couscous et on peut écouter de la musique traditionnelle. On peut aussi ...

Use the comparative *plus ... que* to say 'more ... than'.

*Monaco est **plus** célèbre **que** le Gabon.*
Monaco is **more** famous **than** Gabon.

*Le Laos est **plus** tranquille **que** Monaco.*
Laos is **quieter than** Monaco.

Listen and read the advert. Answer the questions in English.

1 Which two questions does the leaflet begin with?
2 What can you do in the forest?
3 Which sport(s) can you **a** do and **b** watch?
4 How is the landscape of Quebec described?
5 Translate the final sentence into English.

Est-ce que tu aimes la neige et la nature?
Est-ce que tu adores les sports d'hiver?
Ta destination idéale, c'est le Québec!
On peut ...
- faire des promenades dans la forêt
- faire du ski ou du snowboard
- regarder un match de hockey sur glace
- explorer un paysage mystérieux et tranquille.

Le Québec: c'est plus beau en hiver!

Write your own advert for the country you have researched. Adapt the text from exercise 7 by changing the words in blue.

- You can create a poster, radio advert or video.
- Check you have used articles, adjectives and infinitives with *on peut* correctly.
- Check your spelling and/or pronunciation before you produce your final version.

Rencontrer des jeunes francophones

- Using the present tense
- Describing people and what they do

Listen to the sentences and match them with the correct photos. (1–9)

Example: 1 b

a Cédric, cuisinier

b Asmita, artiste

c Marina, chanteuse

Read aloud the sentences about the photos in exercise 1, focusing on your pronunciation. Then translate them into English.

1 Je suis artiste et j'ai les cheveux bruns.
2 Je porte un tee-shirt blanc et un tablier, et je prépare de la soupe.
3 Cédric est cuisinier et il a les cheveux courts et noirs.
4 Marina porte un tee-shirt noir et elle chante dans un concert.
5 Asmita et Marina ont les cheveux longs et elles portent des lunettes.

The endings *–er* and *–ez* sound the same.

Verbs ending in *–e*, *–es* and *–ent* sound the same because the endings are not pronounced: it is as if they are not there.

Try saying these verb forms: *porter*, *portez*, *porte*, *portes*, *portent*.

G

The present tense is used to say what somebody does in general, or what somebody is doing:

je porte I wear **or** I am wearing

The infinitive is changed (conjugated) according to the pronoun (*je*, *tu*, *il*, *elle*, etc.).

Regular verbs (e.g. *–er* verbs) just change their ending.

Irregular verbs (e.g. *avoir*, *être*) are different, and need to be learned:

j'ai I have *je suis* I am

	***–er* verbs (e.g. *porter*)**	***avoir* (to have)**	***être* (to be)**
je (or *j'*)	*port**e***	*ai*	*suis*
tu	*port**es***	*as*	*es*
il/elle/on	*port**e***	*a*	*est*
nous	*port**ons***	*avons*	*sommes*
vous	*port**ez***	*avez*	*êtes*
ils/elles	*port**ent***	*ont*	*sont*

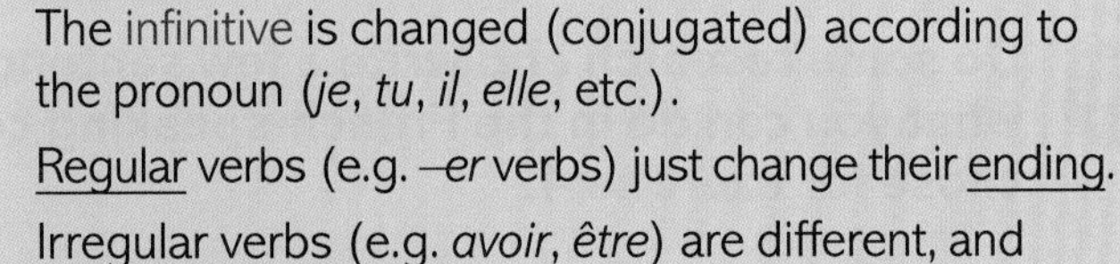

ne … pas forms a sandwich around the verb to make it negative:

*je **ne** porte **pas*** I don't wear / I am not wearing

Copy and complete the descriptions with the correct French verbs.

a

1 (**She is**) athlète paralympique.
2 (**She has**) les cheveux longs et bruns et (**she is**) assez grande.
3 Sur la photo, (**she is wearing**) un short et un maillot de course.

Marie-Amélie le Fur

b

1 ______ acteur.
2 ______ les cheveux courts et noirs et ______ grand.
3 Sur la photo, ______ un smoking et un nœud papillon.

Jean Dujardin

Listen and read the interview. Find the French equivalent for the English verbs.

1 I present
2 I am
3 I have
4 I work
5 I live
6 we play
7 we do
8 I don't work
9 I don't live

Journaliste: Nanette, où habites-tu?
Nanette: Je suis gabonaise, mais je n'habite pas au Gabon. J'habite en France.
Journaliste: Qu'est-ce que tu fais comme métier?
Nanette: Je suis blogueuse. J'ai un blog et je présente des émissions à la radio. Je travaille aussi sur ma chaîne de webtélé.
Journaliste: Qu'est-ce que tu fais pendant ton temps libre?
Nanette: Je ne travaille pas le weekend. Ma partenaire, Claire, et moi, nous jouons au tennis et nous faisons du karaté au centre sportif.

Read the interview again and decide if the statements are true or false.

1 Nanette est gabonaise.
2 Elle habite au Gabon.
3 Elle présente des émissions à la télé.
4 Elle a une chaîne de webtélé.
5 Elle travaille le weekend.
6 Elle ne fait pas de sport.

In pairs. Use the three questions from exercise 4 and the profile cards to create an interview with one of these celebrities. Remember to conjugate the infinitive with *je*.

G

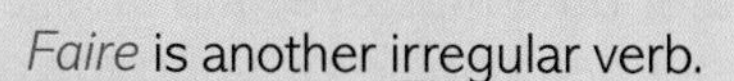
Faire is another irregular verb.

	***faire* (to do)**
je	*fais*
tu	*fais*
il/elle/on	*fait*
nous	*faisons*
vous	*faites*
ils/elles	*font*

*Qu'est-ce que **tu fais**?*
What do you do? / What are you doing?

Faire can also be translated as 'to make' or, with certain sports, 'to go':

***Je fais** un gâteau.* — **I make / I am making** a cake.
***Je fais** du vélo.* — **I go / I am going** cycling.

a

Kylian Mbappé

Habite: en France
Métier: footballeur (représenter la France, marquer beaucoup de buts)
Temps libre: jouer à des jeux vidéo, regarder la télé

b

Jain

Habite: en France
Métier: chanteuse (chanter de la musique pop et world, faire des albums)
Temps libre: dessiner, poster des images en ligne

Remember, the infinitive and the conjugated verb don't sound the same:

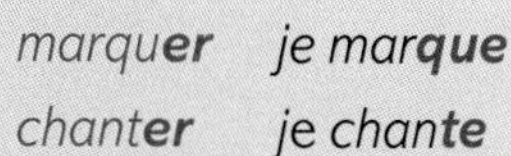
*marqu**er*** — *je marq**ue***
*chant**er*** — *je chant**e***

6 On va jouer au foot!

- Using the near future tense
- Talking about future plans

Lire 1 **Look at the article. What do you think the players might say they are going to do after the World Cup? Match the players with the sentences.**

Les Lionnes: l'équipe de foot féminine du Cameroun

a Je vais passer du temps avec ma famille.
b Je vais poster des photos de la Coupe du Monde sur Instagram.
c Je vais faire les magasins.
e Je ne vais pas faire de sport. Je vais lire des romans.
f Je ne vais pas jouer au foot! Je vais dormir …

Écouter 2 **Listen to another team talking about their plans for after the tournament. Use the pictures to identify who is talking. (1–3)**

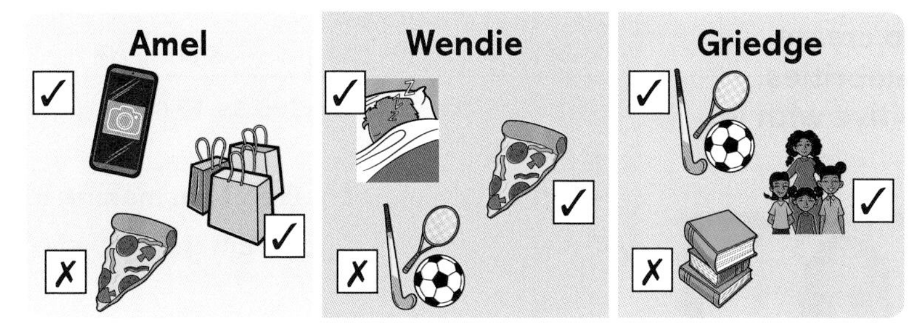

G

The near future tense is used to talk about what somebody is going to do in the future.

It is formed using the verb *aller* + infinitive.

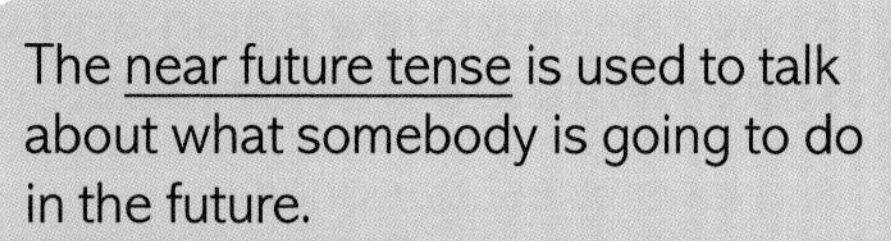

	aller (to go)	infinitive (e.g.)
je	*vais*	*jouer*
tu	*vas*	
il/elle/on	*va*	
nous	*allons*	
vous	*allez*	
ils/elles	*vont*	

***Je vais** jouer.* I am going to play.

Ne … pas forms a sandwich around the part of *aller* to make the verb negative:

*Je **ne** vais **pas** jouer.* I am **not** going to play.

Parler 3 **In pairs. Choose one of the players from exercise 2 and say your plans for after the World Cup. Your partner identifies which player you are.**

- *Qu'est-ce que tu vas faire après la Coupe du Monde?*
- *Je vais manger beaucoup de pizza et je vais dormir, mais je ne vais pas faire de sport.*
- *Tu es Wendie?*
- *Oui!*

Je vais	passer du temps avec ma famille.
	jouer au foot.
	manger beaucoup de pizza.
	regarder des vidéos.
	faire du sport / les magasins.
	lire des romans.
	dormir.

When you are saying what you are not going to do, *du/de la/des* change to *de*:

*Je **ne** vais **pas** regarder **de** vidéos.* I'm not going to watch videos.

Read the four interview questions and find the French in bold for these time phrases. Then match each question with the correct answer.

in the future | one day | next year

1. Quel est ton sport préféré?
2. Qu'est-ce que tu vas faire **l'année prochaine**?
3. Où est-ce que tu vas habiter **à l'avenir**?
4. Qu'est-ce que tu vas faire **un jour**?

a Je vais représenter mon pays aux Jeux Olympiques d'hiver, j'espère.
b Ma passion, c'est le ski acrobatique.
c L'hiver prochain, ma petite copine et moi, nous allons faire une formation de ski acrobatique dans les Alpes.
d Je vais habiter au Canada car il y a des conditions fabuleuses pour le ski acrobatique.

Tristan, jeune skieur français

faire une formation *to do a training course*

Listen to the interviews with Gabriel and Lucie. Note in English their answers to the four questions from exercise 4. (1–2)

Mon sport préféré,	c'est	le cyclisme / le ping-pong / le rugby.	
Ma passion,			
L'année prochaine,	je vais	habiter	en Angleterre / en Australie / en Belgique.
À l'avenir,		gagner	une compétition importante.
Un jour,		représenter	mon pays.
		faire	une formation.
		être	joueur / joueuse professionnel(le).

Translate the sentences into French.

Remember that to form a negative, put *ne … pas* around the part of *aller*.

1. My favourite sport is table tennis.
2. Next year, I am going to win an important competition.
3. In the future, I am not going to live in France.
4. One day, I am going to be a professional player and I am going to represent my country.

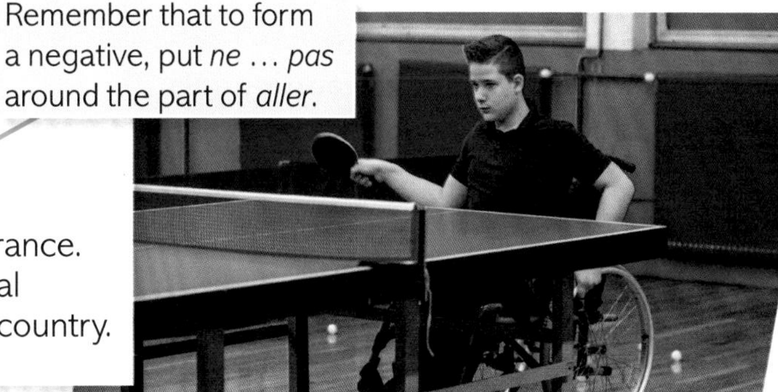

Read the article. Then copy and complete the statements in English.

Manu adore le foot. La semaine prochaine, il va commencer au centre de formation du FC Lille. Si tout va bien, il va être footballeur professionnel. Un jour, il va jouer pour la France, comme son héros, Kylian Mbappé. En 2026, il va participer à la Coupe du Monde aux États-Unis, au Canada et au Mexique.

1. Manu is going to start training with Lille FC ______.
2. If all goes well, he ______.
3. One day, he ______.
4. In 2026, he ______.

7 On a fait le tour du monde!

- Using the perfect tense
- Talking about a past trip

Read the article about these real-life explorers, and find these verbs in French in bold. Then translate the eight sentences of the article into English.

1 I started **3** I did **5** I saw **7** I went (f)
2 I stayed **4** I took **6** I went (m) **8** I didn't travel

Caroline Moireaux

Stéphane Baud

On a fait le tour du monde!

J'ai commencé mon tour du monde en 2011.
Je n'ai pas voyagé en avion.
Je suis allée à pied partout.
J'ai pris beaucoup de photos.

J'ai fait le tour du monde à vélo.
Je suis allé dans 40 pays différents.
J'ai logé dans une tente ou dans un petit hôtel.
J'ai vu beaucoup de sites extraordinaires.

partout *everywhere*

Work out what the three questions mean in English. Then listen to the two interviews and choose the correct answers for Raoul and Valentine. (1–2)

1 Comment est-ce que tu as fait le tour du monde?
J'ai fait le tour du monde **en bus / en train / à vélo**.

2 Où est-ce que tu es allé(e)?
Je suis allé(e) dans **30 / 40 / 50** pays différents.

3 Qu'est-ce que tu as fait?
J'ai **blogué / fait des vidéos / mangé dans des restos traditionnels**.

- Look out for these key question words: *où, comment, que*.
- Use the word 'did' when you are translating perfect tense questions.

G

The perfect tense is used to talk about what somebody did in the past.

Most verbs use:
the pronoun + part of ***avoir*** + **past participle**.

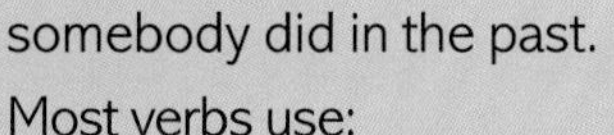

1 2 3

*j'**ai** logé* I stayed
*j'**ai** vu* I saw

Some verbs use the pronoun + part of **être** (not *avoir*) + **past participle**. The past participle agrees with the subject.

1 2 3

*je **suis** allé* I went (m)
*je **suis** allée* I went (f)

Ne … pas forms a sandwich around the part of *avoir* or *être* to make these verbs negative.

*je **n'ai pas** logé* I didn't stay
*je **ne** suis **pas** allé(e)* I didn't go

In pairs. Ask and answer the questions from exercise 3 for either Debjani or Lucas.

Debjani

30 pays

Lucas

50 pays

4 Read the article. Then decide if the sentences are true or false.

Je suis de nationalité suisse. Pendant 300 jours, j'ai habité seul sur Tofua, une île déserte dans le Pacifique.

Au début, c'était très difficile. Sur l'île, il y avait un lac, un volcan, une forêt tropicale et des animaux sauvages. J'ai mangé des fruits, du poisson et du porc.

Sur l'île, c'était silencieux. Mais j'ai adopté un petit cochon sauvage: c'était un ami pour moi! Nous avons passé trois mois ensemble.

Xavier Rosset, aventurier

1 Xavier Rosset est français.
2 Il a passé 300 jours sur une île déserte.
3 Sur Tofua, il y avait un volcan et des touristes.
4 Xavier n'a pas mangé de viande.
5 Sur l'île, c'était tranquille.
6 Xavier a adopté un animal sauvage.

C'était means **it was**. It is the past tense equivalent of *c'est*:

C'était *dur.* It was hard.

Il y avait means **there was** or **there were**. It is the past tense equivalent of *il y a*:

Il y avait *un volcan.* There was a volcano.

5 Listen to the podcast about unusual trips. Copy and complete the table in English for the three podcast guests. (1–3)

	where he/she went	what he/she did	what there was there	what it was like
1	North Pole			

Have a go at pronouncing these cognates and near-cognates. Then listen out for them in the podcast.

camp de réfugiés Grèce Nouvelle-Zélande pôle Nord
extraordinaire fabuleux podcast voyage

6 Translate the sentences into French. Pay special attention to the verbs in bold.

1 **I did** a world tour by bus and **I went** to 25 different countries.
2 **I visited** Australia and **I took** lots of photos.
3 In the USA, **I worked** in a café and **I earned** some money.
4 **There were** towns, lakes and historic monuments.
5 **It was** fabulous.

l'Australie

Aux États-Unis

Use the perfect tense of *travailler*.

Use exercise 2 for help.

Use the perfect tense of *gagner de l'argent*.

Use *des* before each noun.

Projet

8 On découvre des artistes francophones

- Using three different tenses together
- Giving a presentation about a French-speaking star

1 Read the text about the singer Angèle Van Laeken. Then complete the profile card in French.

1 Angèle Van Laeken **est née** le 3 décembre 1995.
2 Elle **habite** en Belgique.
3 Elle **est** chanteuse et musicienne.
4 Son premier succès **a été** la chanson *La loi de Murphy*.
5 Elle **a fait** le célèbre album *Brol*.
6 À l'avenir, elle **va faire** des tournées et elle **va continuer** son travail avec KickCancer, une association caritative.

Angèle

1 Date de naissance: 03/12/95	**4** Premier succès:
2 Pays:	**5** Autre(s) succès:
3 Métier(s):	**6** Projets d'avenir:

G

To talk about somebody in the past, present or future, use the correct verb form.

Present tense: *il* or *elle* + **conjugated verb**: *il habit**e**, elle **est***

Perfect tense: *il* or *elle* + ***a*** / ***est*** + **past participle**: *il **a** joué, elle **est** née*

Near future tense: *il* or *elle* + ***va*** + **infinitive**: *il **va continuer**, elle **va faire***

Can you find and translate verbs in the three tenses in Angèle's text?

2 Listen to the presentation about Antoine Olivier Pilon. Look at the profile card and decide if each entry is correct (✓) or incorrect (✗). Then listen again and correct the three mistakes.

Antoine Olivier Pilon

1 Date de naissance: 23/6/97	**4** Premier succès: le film *Papi*
2 Pays: France	**5** Autres activités: tele, clips video
3 Métier: chanteur	**6** Projets d'avenir: films, Instagram

3 Translate the English verbs in bold into French. Then copy the sentences about Antoine Olivier Pilon and complete them using the correct answers from exercise 2.

1 (**He was born**) le ______ juin 1997.
2 (**He lives**) au ______.
3 (**He is**) ______.
4 Son premier succès (**has been**) dans le film ______.
5 (**He made**) des séries de ______ et des ______.
6 À l'avenir, (**he is going to make**) des ______ et (**he is going to post**) des images sur ______.

a été *has been / was*

Listen and read the presentation about A'salfo. Then answer the questions in English.

A'salfo est né le 15 mars 1979 à Abidjan en Côte d'Ivoire.

Il est membre du groupe Magic System et il joue de la musique zouglou. C'est une musique traditionnelle ivoirienne.

Son premier grand succès avec le groupe a été le single *Premier Gao*.

Le groupe a chanté *Magic in the Air*. C'était l'hymne de l'équipe de France de football pendant la Coupe du Monde de 2018.

À l'avenir, A'salfo va continuer son travail avec une association caritative en Côte d'Ivoire.

1 When and where was A'salfo born?
2 Which group is he in and which kind of music does he play?
3 What was special about the single *Premier Gao*?
4 What was special about *Magic in the Air*?
5 What is A'salfo going to do in the future?

Look online for samples of music by Angèle and Magic System. You could share any you particularly like with the class.

Do some research on one of these French-speaking stars or a French-speaking star of your own choice. Prepare a presentation about your chosen star, using the grid for help.

Clara Augarde, actrice

Damien Bonnard, acteur

Chris, chanteuse

Niska, rappeur

Mon artiste francophone s'appelle			Damien / Clara / ...	
Il est né Elle est née	le	15 / ...	janvier / ...	1995 / ...
Il/Elle habite	en France / ... au Canada / ...			
Il/Elle est	musicien/musicienne. acteur/actrice. membre du groupe ...			
Son premier succès a été	la chanson ...	le film ...	la série ...	
Il/Elle	a chanté la chanson ... a joué dans le film / la série ...			
À l'avenir,	il/elle	va	faire une tournée en ... jouer dans ... continuer son travail avec/pour ...	

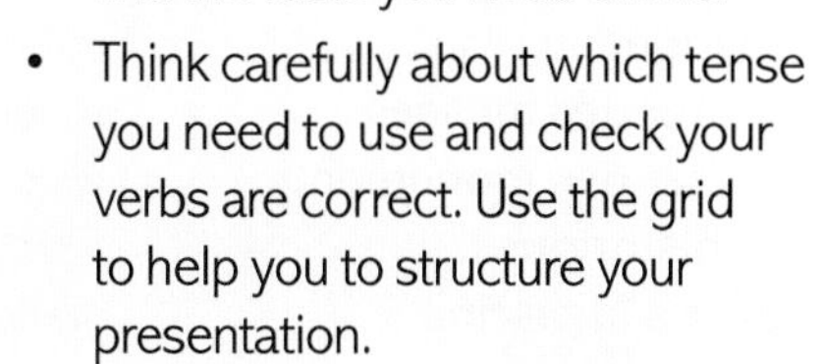

- Choose a star who interests you and about whom you can find the facts you need online.
- Think carefully about which tense you need to use and check your verbs are correct. Use the grid to help you to structure your presentation.
- You could use video or illustrate your presentation using PowerPoint or a poster.
- Practise your pronunciation, making sure you pronounce cognates and verbs correctly.

Vocabulaire

Unité 1 (pages 102–103) *Quel pays voudrais-tu visiter?*

Je voudrais visiter …	*I would like to visit …*
la Belgique.	*Belgium.*
le Laos.	*Laos.*
le Canada.	*Canada.*
le Vietnam.	*Vietnam.*
le Gabon.	*Gabon.*
le Sénégal.	*Senegal.*
la Martinique.	*Martinique.*
la Tunisie.	*Tunisia.*
la Suisse.	*Switzerland.*
les Seychelles.	*the Seychelles.*
car il y a …	*because there is/are …*
un festival de jazz.	*a jazz festival.*
une mosquée.	*a mosque.*
des plages.	*beaches.*
des éléphants.	*elephants.*
Je voudrais aller …	*I would like to go …*
au lac de Genève.	*to Lake Geneva.*
au parc national.	*to the national park.*
à la plage.	*to the beach.*
aux temples bouddhistes.	*to the Buddhist temples.*
Je voudrais manger …	*I would like to eat …*
du poulet fumé.	*(some) smoked chicken.*
du chocolat.	*(some) chocolate.*
de la soupe.	*(some) soup.*
des fruits de mer.	*(some) seafood.*
des moules-frites.	*mussels and chips.*
J'adore / J'aime …	*I love / I like …*
le surf.	*surfing.*
la musique.	*music.*
l'histoire.	*history.*
les animaux.	*animals.*
les frites.	*chips.*

Unité 2 (pages 104–105) *On va voir des choses extraordinaires!*

Le Mont-Saint-Michel est …	*Mont-Saint-Michel is …*
La dune du Pilat est …	*The Dune of Pilat is …*
grand/grande	*big*
beau/belle	*beautiful*
vieux/vieille	*old*
impressionnant/impressionnante	*impressive*
intéressant/intéressante	*interesting*
fabuleux/fabuleuse	*fabulous*
mystérieux/mystérieuse	*mysterious*
célèbre	*famous*
historique	*historical*
unique	*unique*
un château	*a castle*
un monument	*a monument*
un pont	*a bridge*
une montagne	*a mountain*
une mosquée	*a mosque*
une ville	*a town*

Unité 3 (pages 106–107) *Réserver de excursions*

Est-ce que tu aimes …?	*Do you like …?*
J'adore …	*I love …*
J'aime …	*I like …*
Je n'aime pas …	*I don't like …*
Je déteste …	*I hate …*
manger au resto.	*eating out.*
visiter des musées.	*visiting museums.*
visiter des monuments historiques.	*visiting historical monuments.*
aller à la piscine.	*going to the pool.*
aller à la plage.	*going to the beach.*
faire du surf.	*going surfing.*
faire du vélo.	*going cycling.*
faire des promenades.	*going for walks.*
Qu'est-ce qu'on peut faire ici?	*What can you do here?*
On peut …	*You can …*
Je veux …	*I want to …*
Je ne veux pas …	*I don't want to …*
jouer …	*play …*
au minigolf.	*mini-golf.*
au tennis.	*tennis.*
au volleyball.	*volleyball.*
visiter …	*visit …*
le château.	*the castle.*
des maisons historiques.	*historic houses.*
faire du sport.	*do sport.*
faire un pique-nique.	*have a picnic.*
porter un costume médiéval.	*wear a medieval costume.*

Unité 4 (pages 108–109) *Visite à un pays francophone!*

Le pays est sur quel continent?	*Which continent is the country in?*
en Afrique	*in Africa*
en Europe	*in Europe*
en Océanie	*in Australasia*
Il est comment, le paysage?	*What is the landscape like?*
Il y a …	*There are …*
des forêts (tropicales).	*(tropical) forests.*
des montagnes.	*mountains.*
des plages.	*beaches.*
des rivières.	*rivers.*
des volcans.	*volcanoes.*
Qu'est-ce qu'on peut visiter ici?	*What can you visit here?*
On peut visiter …	*You can visit …*
Je veux visiter …	*I want to visit …*
le circuit de formule 1.	*the Formula 1 track.*
le parc national.	*the national park.*
le port.	*the port.*
l'église.	*the church.*
J'adore …	*I love …*
le surf.	*surfing.*
la nature.	*nature.*
la formule 1.	*Formula 1.*
À mon avis, …	*In my opinion, …*
Je pense que …	*I think that …*
Monaco est plus célèbre que le Laos.	*Monaco is more famous than Laos.*
le Gabon est plus intéressant que Monaco.	*Gabon is more interesting than Monaco.*

Unité 5 (pages 110–111) *Rencontrer des jeunes francophones*

Je suis …	*I am …*
Il/Elle est …	*He/She is …*
acteur/actrice.	*an actor/actress.*
artiste.	*an artist.*
athlète (paralympique).	*a(n) (paralympic) athlete.*
blogueur/blogueuse.	*a blogger.*
chanteur/chanteuse.	*a singer.*
cuisinier/cuisinière.	*a cook.*
footballeur.	*a footballer.*
Je porte …	*I wear / am wearing …*
Il/Elle porte …	*He/She wears / is wearing …*
Ils/Elles portent …	*They wear / are wearing …*
un tee-shirt blanc.	*a white tee-shirt.*
des lunettes.	*glasses.*
J'ai …	*I have …*
Il/Elle a …	*He/She has …*
Ils/Elles ont …	*They have …*
les cheveux …	
longs / courts.	*long / short …*
noirs / bruns.	*black / brown hair.*
Il/Elle est grand(e).	*He/She is tall.*
J'habite en … / au …	*I live in …*
Je chante.	*I sing / am singing.*
Je dessine.	*I draw / am drawing.*
Je fais des albums.	*I make / am making albums.*
Nous faisons du karaté.	*We do / are doing karate.*
Je joue à des jeux vidéo.	*I play / am playing video games.*
Je présente (des émissions à la radio).	*I present / am presenting (programmes on the radio).*
Nous jouons au tennis.	*We play / are playing tennis.*
Je marque des buts.	*I score / am scoring goals.*
Je poste des vidéos.	*I post / am posting videos.*
Je prepare de la soupe.	*I prepare / am preparing soup.*
Je regarde la télé.	*I watch / am watching the TV.*
Je représente la France.	*I represent / am representing France.*
Où habites-tu?	*Where do you live?*
Qu'est-ce que tu fais comme métier?	*What job do you do?*
Qu'est-ce que tu fais pendant ton temps libre?	*What do you do during your free time?*

Unité 6 (pages 112–113) *On va jouer au foot!*

Qu'est-ce que tu vas faire?	*What are you going to do?*
Je vais …	*I am going …*
manger beaucoup de pizza.	*to eat lots of pizza.*
passer du temps avec ma famille.	*to spend time with my family.*
poster des photos.	*to post photos.*
jouer au foot.	*to play football.*
faire les magasins.	*to go shopping.*

Unité 6 (pages 112–113) *On va jouer au foot!*

faire du sport.	*to do sport.*
aller à la plage.	*to go to the beach.*
lire des romans.	*to read novels.*
regarder des vidéos.	*to watch videos.*
dormir.	*to sleep.*
à l'avenir	*in the future*
un jour	*one day*
l'année prochaine	*next year*
Quel est ton sport préféré?	*What is your favourite sport?*
Mon sport préféré, c'est …	*My favourite sport is …*
Ma passion, c'est …	*My passion is …*
le cyclisme.	*cycling.*
le ping-pong.	*table tennis.*
le rugby.	*rugby.*
le ski acrobatique.	*acrobatic skiing.*
Qu'est-ce que tu vas faire un jour?	*What are you going to do one day?*
Je vais habiter …	*I am going to live …*
en Angleterre.	*in England.*
en Australie.	*in Australia.*
en Belgique.	*in Belgium.*
au Canada.	*in Canada.*
Je vais …	*I am going …*
gagner une compétition importante.	*to win an important competition.*
représenter mon pays.	*to represent my country.*
faire une formation.	*to do a training course.*
être joueur/joueuse professionnel(le).	*to be a professional player.*

Unité 7 (pages 114–115) *On a fait le tour du monde!*

Comment est-ce que tu as fait le tour du monde?	*How did you do the world tour?*
J'ai fait le tour du monde …	*I did the world tour …*
en bus / en train.	*by bus / by train.*
à vélo / à pied.	*by bike / on foot.*
en avion.	*by plane.*
Je n'ai pas voyagé en / à …	*I didn't travel by / on …*
Où est-ce que tu es allé(e)?	*Where did you go?*
Je suis allé(e) dans (trente) pays différents.	*I went to (thirty) different countries.*
Qu'est-ce que tu as fait?	*What did you do?*
J'ai blogué.	*I blogged.*
J'ai fait des vidéos.	*I made videos.*
J'ai pris beaucoup de photos.	*I took lots of photos.*
J'ai mangé dans des restos traditionnels.	*I ate in traditional restaurants.*
J'ai vu beaucoup de sites extraordinaires.	*I saw lots of extraordinary places.*
J'ai logé (dans une tente / dans un hôtel).	*I stayed (in a tent / in a hotel).*
J'ai commencé mon tour du monde en (2018).	*I started my world tour in (2018).*
J'ai travaillé dans un camp de réfugiés.	*I worked in a refugee camp.*
Il y avait …	*There was/were …*
un lac / un volcan.	*a lake / a volcano.*
une forêt tropicale.	*a tropical forest.*
des animaux sauvages.	*wild animals.*
beaucoup de problémes.	*lots of problems.*
C'était …	*It was …*
vraiment intéressant.	*really interesting.*
absolument fabuleux.	*absolutely fabulous.*
très difficile.	*very difficult.*

Unité 8 (pages 116–117) *On découvre des artistes francophones*

Mon artiste francophone s'appelle …	*My French-speaking artist is …*
Il/Elle est né(e) le …	*He/She was born on the …*
Il/Elle habite (au Canada).	*He/She lives (in Canada).*
Il/Elle est (musicien(ne)).	*He/She is (a musician).*
Il/Elle est membre du groupe …	*He/She is a member of the group …*
Son premier succès a été …	*His/Her first success was …*
la chanson …	*the song …*
le film …	*the film …*
la série …	*the series …*
Il/Elle a chanté la chanson …	*He/She sang the song …*
Il/Elle a joué dans le film …	*He/She played in the film …*
Il/Elle a joué dans la série …	*He/She played in the series …*
Il/Elle a fait l'album …	*He/She made the album …*
Il/Elle va faire une tournée en …	*He/She is going to do a tour in …*
Il/Elle va jouer dans …	*He/She is going to play in …*
Il/Elle va poster des images sur Instagram.	*He/She is going to post pictures on Instagram.*
Il/Elle va continuer son travail avec/pour …	*He/She is going to continue his/her work with/for …*
une organisation caritative	*a charitable organisation*

À toi

Read the Haikus. Write the letter of the correct picture for each Haiku.

Il/Elle porte des lunettes.
He/She wears glasses.

Write two Haikus, using exercise 1 as a model. Use the two leftover pictures from exercise 1 or make up the details yourself.

A Haiku should consist of:

- first line: five syllables
- second line: seven syllables
- third line: five syllables.

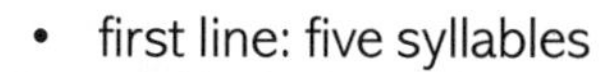
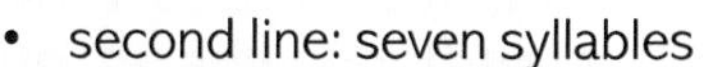

Read the story of a disastrous birthday and answer the questions in English.

Mon anniversaire désastreux!

Samedi dernier, j'ai fêté mon anniversaire.

D'abord, j'ai ouvert mes cadeaux. J'ai reçu un pull vert et jaune et une casquette trop petite!

Ensuite, je suis allé au cinéma avec ma petite copine, Lucie. Nous avons regardé une comédie, mais c'était nul! Puis j'ai mangé un hamburger-frites, mais c'était horrible et après, j'ai vomi!

Le soir, j'ai invité mes amis à une fête, chez moi. Cependant, Lucie a dansé avec mon meilleur copain, Hugo.

Finalement, mon chien, Toto, a mangé mon gâteau d'anniversaire parce qu'il adore le chocolat. Quel désastre!

1. Name two items of clothing Lucas received as birthday presents.
2. Which item was too small for him?
3. What type of film did he and Lucie go to see and what did he think of it?
4. What happened after they had been to the cinema? (Give two details.)
5. At his birthday party, what did Lucie do that made him angry?
6. Why did Lucas not get any birthday cake?

Re-write the story in exercise 3, changing the underlined details. Use the ideas in the pictures.

À toi

1 You and your friends have bought some fortune cookies in France. Translate each fortune into English.

1. Tu vas acheter un grand château en France parce que tu vas avoir un(e) partenaire français(e).
2. Tu vas aller en Grèce où tu vas faire du travail bénévole.
3. Tu vas gagner beaucoup d'argent car tu vas inventer une appli extraordinaire.
4. Tu vas être pilote de formule 1 et tu vas gagner le Grand Prix de Monaco.
5. 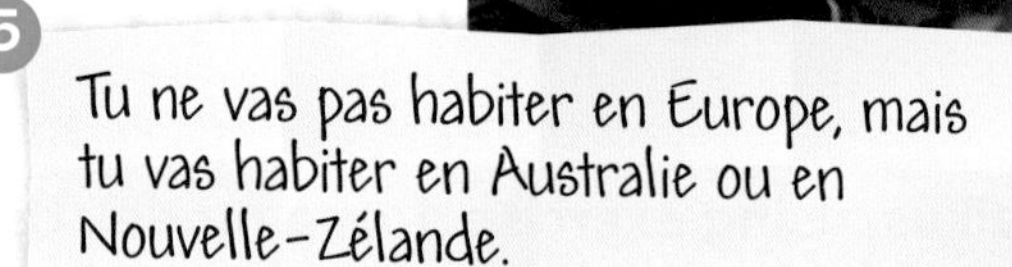
Tu ne vas pas habiter en Europe, mais tu vas habiter en Australie ou en Nouvelle-Zélande.

2 Write five more fortunes in French in the near future tense. Use *tu* and connectives: *et* (and), *où* (where), *ou* (or), *mais* (but), *parce que* (because) and *car* (because).

3 Read the article. Copy and complete the English statements.

Profil d'une jeune inventrice

Julie Masson, 14 ans, habite à Calais. Elle est vraiment créative et elle est membre du club des jeunes inventeurs au collège.
L'année dernière, elle a inventé un tee-shirt «intelligent». Elle a gagné un prix au Concours Lépine – une compétition pour les inventeurs.
Pour gagner de l'argent, elle a un petit boulot dans un café parce qu'elle veut acheter un très bon ordinateur.
À l'avenir, Julie va être inventrice professionnelle. Elle veut inventer un robot pour aider les personnes handicapées car elle veut aider les autres.
Ce sera très pratique.

1. At school, Julie is a member of ______.
2. Last year, she ______.
3. The «Concours Lépine» is ______.
4. She has a part-time job because ______.
5. In the future, Julie ______.
6. She wants to invent ______ because ______.

4 Copy and complete this text in French. Use your own ideas.

Paulin est membre du club des jeunes inventeurs au collège.

- L'année dernière, il a inventé ______.
- Pour gagner de l'argent, il ______ parce qu'il veut acheter ______.
- À l'avenir, Paulin veut inventer un robot pour ______.Ce sera ______.

À toi

Read what Marianne Musicale says and answer the questions in English.

a Je joue de la guitare électrique.

b Ma chanson préférée, c'est *Love on top* parce que le rythme est cool!

c J'écoute tout le temps de la musique!

d Samedi, je suis allée à un concert. Dimanche, j'ai regardé une émission de musique à la télé.

e J'adore le R'n'B, mais j'aime aussi la techno.

Which sentence tells us …

1 how often she listens to music?
2 what kind of music she likes?
3 which musical instrument she plays?
4 what her favourite song is and why?
5 what she did last weekend?

Write answers to these questions about yourself. Adapt the sentences from exercise 1.

Exemple: **1** J'écoute parfois de la musique.

1 Est-ce que tu écoutes souvent de la musique?
2 Quelle est ta chanson préférée? Pourquoi?
3 Est-ce que tu joues d'un instrument?
4 Qu'est-ce que tu as fait, le weekend dernier?
5 Qu'est-ce que tu aimes comme musique?

Answer questions 1, 2, 3 and 5 using the present tense.

To answer question 4, use the perfect tense.

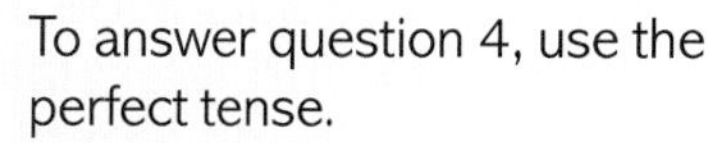

For help, see pages 76–77.

Lis le texte. Copie et complète le tableau en anglais.

Le chanteur Stromae

- Stromae est né en Belgique. Son vrai nom est Paul Van Haver.
- Il chante toutes sortes de chansons, mais il aime beaucoup le rap. Il joue aussi de la batterie.
- En 2003, il a formé le groupe Suspicion.
- En 2009, sa chanson *Alors, on danse* a été un énorme succès commercial.
- En 2013, il a gagné le prix du meilleur artiste belge aux MTV Awards.
- Il a collaboré avec beaucoup d'autres chanteurs, par exemple: Will.i.am, Lorde et Maître Gims.
- En 2015, Stromae a fait une grande tournée au Canada, aux États-Unis et en Afrique.
- En 2019, il a chanté la chanson *Arabesque*, avec le groupe Coldplay.

name:	Stromae
real name:	
country of birth:	
type of music he performs:	
musical instrument he plays:	
name of group he formed:	
title of very successful song:	
award he won in 2013:	
artists he has collaborated with:	
where he went on tour in 2015:	
what he did in 2019:	

À toi

Read the sentences and decide who is speaking: Éric Écolo, who is very eco-friendly, or Barbara Bof, who doesn't care about the environment.

1 Je ne mange pas de viande.

2 Je ne recycle jamais.

3 Je voudrais être membre d'un groupe écolo.

4 Il faut protéger les animaux menacés.

5 Il ne faut pas acheter de produits bio.

6 Je mange tous les jours de la viande.

Write three more French sentences for Éric Écolo, and three for Barbara Bof. Use structures such as *Je voudrais …*, *Il faut …* and *Il ne faut pas …* in your sentences.

Read Clémentine's blog for last week. Copy and complete the grid in English.

day of the week	what she did	eco-friendly? (✓ or ✗)
Monday	went to school by bike, …	

lundi Je suis allée au collège à vélo. À la cantine scolaire, je n'ai pas mangé de viande à midi.

mardi Je suis allée au centre de recyclage et j'ai recyclé du papier, des bouteilles et du plastique.

mercredi J'ai fait un pique-nique avec des copains, mais on a laissé des sacs en plastique sur la plage.

jeudi J'ai ramassé les déchets au collège, et à la maison, on a mangé des produits bio.

vendredi Au restaurant, avec ma famille, on a mangé du bœuf. En ville, j'ai acheté deux jeans, trois tee-shirts et une veste en cuir.

Invent two more blog entries for Saturday and Sunday. Make one day eco-friendly and the other not. Make sure your verbs are in the perfect tense.

J'ai recyclé / Je n'ai pas recyclé … Je suis allé(e) / Je ne suis pas allé(e) …
J'ai mangé / Je n'ai pas mangé … J'ai acheté / Je n'ai pas acheté …

Les verbes

Infinitives

Regular *–er* verb infinitives

acheter	*to buy*	jouer	*to play*	ramasser	*to collect/pick up*
adorer	*to love*	laisser	*to leave (something)*	ranger	*to tidy*
aider	*to help*	laver	*to wash*	rapporter	*to bring back*
aimer	*to like*	loger	*to stay*	recycler	*to recycle*
apporter	*to bring*	manger	*to eat*	regarder	*to watch*
arriver	*to arrive*	manifester	*to demonstrate/protest*	rester	*to stay (remain)*
bloguer	*to blog*	marquer	*to score (goal)*	retrouver	*to meet (up with)*
chanter	*to sing*	nager	*to swim*	réutiliser	*to reuse*
commencer	*to start*	observer	*to observe*	rigoler	*to laugh/joke*
continuer	*to continue*	organiser	*to organise*	signer	*to sign*
créer	*to create*	partager	*to share*	surfer	*to surf*
cultiver	*to grow/cultivate*	participer (à)	*to participate (in)*	tchatter	*to chat (online)*
danser	*to dance*	passer	*to spend (time)*	télécharger	*to download*
déménager	*to move house*	penser	*to think*	téléphoner	*to phone*
dessiner	*to draw*	préférer	*to prefer*	tourner	*to turn*
détester	*to hate*	préparer	*to prepare*	traîner	*to hang around*
donner	*to give*	progresser	*to progress*	travailler	*to work*
écouter	*to listen (to)*	poster	*to post*	trouver	*to find*
explorer	*to explore*	protéger	*to protect*	utiliser	*to use*
gagner	*to win*	porter	*to wear*	visiter	*to visit*
garder	*to look after*	poster	*to post (online)*	voyager	*to travel*
habiter	*to live*	quitter	*to leave*		

Regular *–ir* verb infinitives

choisir	*to choose*	nourrir	*to feed*
finir	*to finish*	vomir	*to vomit*

Regular *–re* verb infinitives

attendre	*to wait (for)*	perdre	*to lose*	vendre	*to sell*

Modal verb infinitives (irregular)

vouloir	*to want (to)*	pouvoir	*can / to be able to*	devoir	*must / to have to*

Reflexive verb infinitives

s'appeler	*to be called*	se disputer (avec)	*to argue (with)*	s'habiller	*to get dressed*
se coiffer	*to do (your) hair*	se doucher	*to shower*	se laver	*to have a wash*
se coucher	*to go to bed*	s'entendre (avec)	*to get along (with)*	se lever	*to get up*

Les verbes

Irregular verb infinitives

aller	*to go*	faire	*to do/make*	recevoir	*to receive*
avoir	*to have*	lire	*to read*	servir	*to serve*
boire	*to drink*	ouvrir	*to open*	venir	*to come*
dormir	*to sleep*	prendre	*to take*	voir	*to see*
être	*to be*	produire	*to produce*		

Structures using infinitives

In French there are a number of verbs which are usually followed by an infinitive, e.g. *regarder* (to watch).

Verbs of opinion + infinitive

aimer (*to like*)
j'**aime** regarder
tu **aimes** regarder
il/elle/on **aime** regarder
nous **aimons** regarder
vous **aimez** regarder
ils/elles **aiment** regarder

adorer (*to love*)
j'**adore** regarder
tu **adores** regarder
il/elle/on **adore** regarder
nous **adorons** regarder
vous **adorez** regarder
ils/elles **adorent** regarder

détester (*to hate*)
je **déteste** regarder
tu **détestes** regarder
il/elle/on **déteste** regarder
nous **détestons** regarder
vous **détestez** regarder
ils/elles **détestent** regarder

Modal verbs + infinitive

vouloir (*to want to*)
je **veux** regarder
tu **veux** regarder
il/elle/on **veut** regarder
nous **voulons** regarder
vous **voulez** regarder
ils/elles **veulent** regarder

pouvoir (*to be able to*)
je **peux** regarder
tu **peux** regarder
il/elle/on **peut** regarder
nous **pouvons** regarder
vous **pouvez** regarder
ils/elles **peuvent** regarder

devoir (*to have to*)
je **dois** regarder
tu **dois** regarder
il/elle/on **doit** regarder
nous **devons** regarder
vous **devez** regarder
ils/elles **doivent** regarder

Il faut + infinitive

In order to say 'you must' or 'it is necessary to', use ***il faut*** + infinitive.

Il faut *ramasser les déchets.* — **You must** collect rubbish.

In order to say 'you must not', use ***il ne faut pas*** + infinitive.

Il ne faut pas *manger trop de viande.* — **You mustn't** eat too much meat.

Je voudrais + infinitive

In order to express what you would like to do, use ***je voudrais*** + infinitive.

Je ***voudrais*** *organiser une campagne anti-déchets.* — I **would like** to organise an anti-litter campaign.

In order to say what you would **not** like to do, use ***je ne voudrais pas*** + infinitive.

Je ***ne voudrais pas*** *voyager.* — I **wouldn't like** to travel.

The near future + infinitive

In order to say what you 'are going to do', use the present tense of ***aller*** (to go) + infinitive. *Aller* changes depending on who you are talking about, but the infinitive always stays the same.

regarder – ***to watch***	
je **vais** regarder	*I'**m going** to watch*
tu **vas** regarder	*you **are going** to watch*
il/elle **va** regarder	*he/she **is going** to watch*
on **va** regarder	*we **are going** to watch*
nous **allons** regarder	*we **are going** to watch*
vous **allez** regarder	*you **are going** to watch* (plural or polite)
ils/elles **vont** regarder	*they **are going** to watch*

The present tense regular verb patterns

Regular *–er* verbs

regarder – ***to watch***
je regard**e**
tu regard**es**
il/elle/on regard**e**
nous regard**ons**
vous regard**ez**
ils/elles regard**ent**

Regular *–ir* verbs

finir – ***to finish***
je fin**is**
tu fin**is**
il/elle/on fin**it**
nous fin**issons**
vous fin**issez**
ils/elles fin**issent**

Regular *–re* verbs

attendre – ***to wait (for)***
j'attend**s**
tu attend**s**
il/elle/on attend
nous attend**ons**
vous attend**ez**
ils/elles attend**ent**

Reflexive verbs

Reflexive verbs have a **reflexive pronoun**. It is used to show that an action happens to 'myself', 'yourself', 'himself', 'herself', etc. (e.g. 'I wash **myself**').

se laver – ***to have a wash***	
je **me** lave	*I have a wash*
tu **te** laves	*you have a wash*
il/elle **se** lave	*he/she has a wash*
on **se** lave	*we have a wash*
nous **nous** lavons	*we have a wash*
vous **vous** lavez	*you have a wash* (plural or polite)
ils/elles **se** lavent	*they have a wash*

Les verbes

The perfect tense

The perfect tense is used to say what you did or have done, e.g. 'I went to France', 'I have been to France'.

Verbs with *avoir*

To form the perfect tense, most verbs need the present tense of ***avoir*** (to have) and a **past participle**.

e.g. *regard**er** – regard**é*** *(watched)* *chois**ir** – chois**i*** *(chose)* *perd**re** – perd**u*** *(lost)*

regarder (*to watch*)
j'ai regardé
tu **as regardé**
il/elle/on **a regardé**
nous **avons regardé**
vous **avez regardé**
ils/elles **ont regardé**

choisir (*to choose*)
j'ai choisi
tu **as choisi**
il/elle/on **a choisi**
nous **avons choisi**
vous **avez choisi**
ils/elles **ont choisi**

perdre (*to lose*)
j'ai perdu
tu **as perdu**
il/elle/on **a perdu**
nous **avons perdu**
vous **avez perdu**
ils/elles **ont perdu**

Verbs with *être* (perfect tense)

Some verbs use ***être*** (rather than *avoir*) to form the perfect tense. The past participles of these verbs must agree with the subject.

aller (*to go*)
je **suis allé(e)**
tu **es allé(e)**
il **est allé**/elle **est allée**
on **est allé(e)(s)**
nous **sommes allé(e)s**
vous **êtes allé(e)s**
ils **sont allés** elles **sont allées**

Irregular verbs in the present and perfect tenses

Infinitive	Present tense				Perfect tense
aller – *to go*	je tu il/elle/on	**vais** **vas** **va**	nous vous ils/elles	**allons** **allez** **vont**	je **suis** allé**(e)**
avoir – *to have*	j' tu il/elle/on	**ai** **as** **a**	nous vous ils/elles	**avons** **avez** **ont**	j'**ai** eu
boire – *to drink*	je tu il/elle/on	**bois** **bois** **boit**	nous vous ils/elles	**buvons** **buvez** **boivent**	j'**ai** bu
dormir – *to sleep*	je tu il/elle/on	**dors** **dors** **dort**	nous vous ils/elles	**dormons** **dormez** **dorment**	j'**ai** dormi
être – *to be*	je tu il/elle/on	**suis** **es** **est**	nous vous ils/elles	**sommes** **êtes** **sont**	j'**ai** été
faire – *to do/make*	je tu il/elle/on	**fais** **fais** **fait**	nous vous ils/elles	**faisons** **faites** **font**	j'**ai** fait
lire – *to read*	je tu il/elle/on	**lis** **lis** **lit**	nous vous ils/elles	**lisons** **lisez** **lisent**	j'**ai** lu
ouvrir – *to open*	j' tu il/elle/on	**ouvre** **ouvres** **ouvre**	nous vous ils/elles	**ouvrons** **ouvrez** **ouvrent**	j'**ai** ouvert
partir – *to leave*	je tu il/elle/on	**pars** **pars** **part**	nous vous ils/elles	**partons** **partez** **partent**	je **suis** parti**(e)**
produire – *to produce*	je tu il/elle/on	**produis** **produis** **produit**	nous vous ils/elles	**produisons** **produisez** **produisent**	j'**ai** produit
prendre – *to take*	je tu il/elle/on	**prends** **prends** **prend**	nous vous ils/elles	**prenons** **prenez** **prennent**	j'**ai** pris
recevoir – *to receive*	je tu il/elle/on	**reçois** **reçois** **reçoit**	nous vous ils/elles	**recevons** **recevez** **reçoivent**	j'**ai** reçu
servir – *to serve*	je tu il/elle/on	**sers** **sers** **sert**	nous vous ils/elles	**servons** **servez** **servent**	j'**ai** servi
venir – *to come*	je tu il/elle/on	**viens** **viens** **vient**	nous vous ils/elles	**venons** **venez** **viennent**	je **suis** venu**(e)**
voir – *to see*	je tu il/elle/on	**vois** **vois** **voit**	nous vous ils/elles	**voyons** **voyez** **voient**	j'**ai** vu

Glossaire

A

à l'étranger *abroad*
à mon avis *in my opinion*
à pied *on foot*
l' abonné(e) *subscriber*
acheter *(v) to buy*
acrobatique *(adj) acrobatic*
l' acteur *actor (m)*
l' actrice *actress (f)*
l' activité *activity*
l' ado *teenager*
adopter *(v) to adopt*
adorer *(v) to love*
africain(e) *(adj) African*
l' Afrique *Africa*
l' âge *age*
l' aide *help, aid*
aider *(v) to help*
l' aiguille *needle*
aimer *(v) to like*
l' Algérie *Algeria*
aller *(v)* à la pêche *to go fishing*
alors *so, then*
américain(e) *(adj) American*
l' Amérique du Sud *South America*
l' ami *friend (m)*
l' amie *friend (f)*
l' amitié *friendship*
l' amphithéâtre *amphitheatre*
amusant(e) *(adj) fun*
l' an *year*
anglais(e) *(adj) English*
l' animal *animal*
l' année *year*
l' anniversaire *birthday*
anti-déchets *(adj) anti-rubbish*
les Antilles *West Indies*
anti-plastique *(adj) anti-plastic*
anti-viande *(adj) anti-meat*
l' appli *application, app*
après *after, afterwards*
l' après-midi *afternoon*
arabe *(adj) Arabic*
l' arbre (de Noël) *(Christmas) tree*
l' arche *ark*
l' architecte *architect*
l' arène *arena*
l' argent *money*
arrogant(e) *(adj) arrogant*
assez *quite*
l' assistant(e) social(e) *social worker*
aussi *also*
autre *(adj) other*
les autres *others, other people*
avec *with*
l' avenir *future*
l' avion *aeroplane, plane*
l' avis *opinion*
avoir *(v) to have*

B

le baby-sitting *babysitting*
le banjo *banjo*
la barbe à papa *candyfloss*
la basket *trainer*
le bateau (de croisière) *(cruise) ship*
le bâtiment *building*
la batterie *drums*
beaucoup de *a lot of*
le bébé *baby*
belge *(adj) Belgian*
la Belgique *Belgium*
bénévole *(adj) voluntary*
bien payé(e) *(adj) well paid*
bien *well*
le billet *ticket*
bio *(adj) organic*
bizarre *(adj) strange, odd*
le blog *blog*
bloguer *(v) to blog*
le blogueur *blogger (m)*
la blogueuse *blogger (f)*
le blouson *jacket*
le bœuf *beef*
boire *(v) to drink*
bon(ne) *(adj) good*
bonsoir *good evening*
la botte *boot*
bouclé(e) *(adj) curly*
bouddhiste *(adj) Buddhist*
le boulanger *baker (m)*
la boulangère *baker (f)*
la boulangerie *bakery*
le boulot *job, work*
boulot(te) *(adj) chubby*
la bouteille *bottle*
le bracelet *bracelet*
brancher *(v) to turn on*
la Bretagne *Brittany*
le bruit *noise*
Bruxelles *Brussels*
le bureau *office*
le but *goal, aim*

C

ça *that*
le cadeau *present, gift*
le café *coffee; café*
la calculatrice *calculator*
calme *(adj) peaceful*
le/la camarade *mate, friend*
le Cameroun *Cameroon*
la campagne *countryside; campaign*
la cantine *canteen*
le capitaine *captain (m/f)*
la capitale *capital*
car *for, because, as*
le car *coach*
caritatif(–ve) *(adj) charitable*
la carotte *carrot*
la carte d'identité *identity card*
la carte mentale *mind map*
le casque *headphones*
la casquette *cap*
célèbre *(adj) famous*
celtique *(adj) Celtic*
le centre de recyclage *recycling centre*
le centre *centre*
le centre sportif *sports centre*
cependant *however*
les céréales *cereal*
la chaîne *channel (e.g. TV, internet)*
la chambre *(bed)room*
le changement climatique *climate change*
le changement *change*
changer *(v) to change*
la chanson *song*
chanter *(v) to sing*
le chanteur *singer (m)*
la chanteuse *singer (f)*
le chapeau *hat*
chaque *each*
la chasse *hunting*
le château *castle*
la chaussure *shoe*
le chef *chef*
la chemise *shirt*
cher (chère) *(adj) expensive*
les cheveux *hair*
le chewing-gum *chewing gum*

chez moi *at my house, at home*
chez sa mère *at his/her mother's house*
le chien *dog*
la **Chine** *China*
les **chips** *crisps*
le chocolat *chocolate*
le choix *choice*
la **chorale** *choir*
chronologique *chronological*
le cinéma *cinema*
le circuit *circuit, track*
le cirque *circus*
la **clarinette** *clarinet*
la **classe** *class*
classique *(adj) classical*
le clavier *keyboard; keypad*
climatique *(adj) climate*
le club *club*
le coca *cola*
le cochon *pig*
le cœur *heart*
le coin *corner*
collaborer *(v) to collaborate*
collectionner *(v) to collect*
le collège *(secondary) school*
combattre *(v) to fight, to combat*
combien *how much, how many*
la **comédie** *comedy; play*
la **comédie musicale** musical
le comique *comedian*
comme like, as
commencer *(v) to begin*
comment *how*
commercial(e) *(adj) commercialised*
le commissariat *police station*
la **compétition** *competition*
complètement *completely*
le concert *concert*
le concombre *cucumber*
le concours *competition*
conserver *(v) to conserve, to safeguard*
considérable *considerable*
contemporain(e) *(adj) contemporary*
continuer *(v) to continue*
contre *against*
le copain *friend (m)*
la **copine** *friend (f)*
le costume *suit, outfit*
la **Côte d'Ivoire** *Ivory Coast*
la **Coupe du Monde** *World Cup*
couper *(v) to cut*
la **courgette** *courgette*
le cours *lesson*
court(e) *(adj) short*
le cousin *cousin (m)*
la **cousine** *cousin (f)*
le crayon *pencil*
le créateur *creator (m)*
créatif(–ve) *(adj) creative*
la **création** creation
la **créatrice** *creator (f)*
créer*(v) to create*
la **crêpe** *pancake*
le crocodile crocodile
la **croisière** *cruise*
cruel(le) *(adj) cruel*
le cuir *leather*
la **cuisine** *kitchen; cooking*
le cuisinier *cook (m)*
la **cuisinière** *cook (f)*
cultiver *(v) to grow*
le cyclisme *cycling*

D

d'abord *first of all*
d'accord *all right; in agreement*
d'habitude *usually*
dangereux(–se) *(adj) dangerous*
dans *in*
la **danse** *dance*
danser *(v) to dance*
le danseur *dancer (m)*
la **danseuse** *dancer (f)*
la **date** *date*
de taille moyenne *average height, middle-sized*
de temps en temps *from time to time*
de trop *too much/many*
déboiser *(v) to clear (wood), to deforest*
le début *beginning, start*
les déchets *rubbish, litter*
découvrir *(v) to discover*
la **déforestation** *deforestation*
le degré *degree (temperature, angle)*
le déjeuner *lunch*
délicieux(–se) *(adj) delicious*
demain *tomorrow*
démodé(e) *(adj) old-fashioned*
la **dent** *tooth*
depuis *since*
dernier(–ère) *(adj) last*
le désastre *disaster*
désastreux(–se) *(adj) disastrous*
désert(e) *(adj) deserted*
le dessinateur *designer (m)*
la **dessinatrice** *designer (f)*
dessiner *(v) to draw, to design*
détester *(v) to hate*
devenir *(v) to become*
les devoirs *homework*
le diabolo *soft drink with lemonade and cordial*
différent(e) *(adj) different*
difficile *(adj) difficult*
dimanche *Sunday*
le dîner *dinner*
le directeur *headteacher*
domestique *(adj) domestic, household*
le/la domestique *servant*
donner *(v) to give*
dormir *(v) to sleep*
à droite *on the right*
drôle *(adj) funny*
la **dune** *dune*

E

l' **eau** *water*
l' **école** *(primary) school*
écolo *(adj) eco*
l' **Écosse** *Scotland*
écouter *(v) to listen to*
écrire *(v) to write*
éducatif(–ve) *(adj) education(al)*
efficace *(adj) effective*
l' **église** *church*
égoïste *(adj) selfish*
électrique *(adj) electric*
l' éléphant *elephant*
l' **émission** *programme*
en cuir *(made of) leather*
en danger d'extinction *in danger of extinction*
en équipe *in a team*
en ligne *online*
en plastique *(made of) plastic*
l' **énergie** *energy*
l' enfant *child*
ennuyeux(–se) *(adj) boring*

Glossaire

énorme (adj) enormous
enregistrer (v) to record
ensemble together
ensuite then
entreprenant(e) (adj) enterprising
l' envie desire
environ about, approximately
l' environnement environment
l' équipe team
l' erreur error, mistake
l' Espagne Spain
l' estomac stomach
les États-Unis United States of America
l' été summer
à l'étranger abroad
être to be
les études studies
l' euro euro (currency)
européen(ne) (adj) European
examiner (v) to examine
explorer (v) to explore
extraordinaire (adj) extraordinary
extrascolaire (adj) after-school, extracurricular

F

fabuleux(–se) (adj) fabulous
facile (adj) easy
le facteur postman
faire (v) to do, to make
faire (v) du vélo to do/go cycling
faire (v) la cuisine to cook, to do the cooking
faire (v) les magasins to go shopping
la famille family
fantastique (adj) fantastic
fatigant(e) (adj) tiring
faux(–sse) (adj) wrong, false
féminin(e) (adj) feminine, female, women's
la femme woman
la ferme farm
le fermier farmer (m)
la fermière farmer (f)
le festival festival
la fête party
fêter (v) to celebrate
février February
la fille girl, daughter
filmer (v) to film
la fin end, ending
finalement last of all, finally
la fleur flower
la flûte flute
le fond bottom, base, back
le foot football
la forêt forest
la formation training (course)
former (v) to form
la formule formula
français(e) (adj) French
franco-africain(e) (adj) French-African
francophone (adj) French-speaking, francophone
la fréquence frequency
le frère brother
les frites chips
le froid cold
le fromage cheese
la frontière border
le fruit fruit
les fruits de mer seafood
fumer (v) to smoke

G

gabonais(e) (adj) Gabonese
gagner (v) to earn, to win
le garçon boy
garder (v) to look after
le gâteau cake
à gauche on the left
géant(e) (adj) giant
génial(e) (adj) great
le genre type, kind, sort
le gilet gilet, hi-vis, waistcoat
la girafe giraffe
la glace ice cream
grand(e) (adj) big, tall
la Grande-Bretagne Great Britain
le grand-parent grand-parent
gratuit(e) (adj) free (of charge)
la Grèce Greece
gros(se) (adj) big
le groupe group
la guerre war
la guitare électrique electric guitar
la gymnastique gymnastics

H

habiter (v) to live
le hamburger (ham)burger
le hamburger-frites (ham)burger and chips
le haricot bean
la harpe harp
heureux(–se) (adj) happy
hier yesterday
l' histoire history
historique (adj) historic, historical
l' hiver winter
le hockey sur glace ice hockey
la Hollande Holland
l' homme man
l' hôpital hospital
l' hôtel hotel
l' hymne anthem
hyper-cool (adj) really cool

ici here
idéal(e) ideal
l' idée idea
il y a there is, there are
l' île island
l' image image, picture
l' impact impact
impatient(e) (adj) impatient
impressionnant(e) (adj) impressive
indien(ne) (adj) Indian
l' infinitif infinitive
l' infirmier nurse (m)
l' infirmière nurse (f)
l' informatique information technology, IT
l' ingénieur engineer (m)
l' ingénieure engineer (f)
l' instrument instrument
intelligent(e) (adj) intelligent
intéressant(e) (adj) interesting
inutile (adj) useless
inventer (v) to invent
l' inventeur inventor (m)
l' inventrice inventor (f)
inviter (v) to invite
l' Irlande du Nord Northern Ireland
l' Italie Italy
ivoirien(ne) (adj) Ivorian

J

Jamais! Never!
le jardin garden
le jean jeans
jeter (v) to throw
le jeu de société board game
le jeu vidéo video game

jeudi *Thursday*
le jogging *jogging bottoms; jogging*
jouer *(v)* *to play*
le jouet *toy*
le joueur *player (m)*
la joueuse *player (f)*
le jour *day*
le journal scolaire *school newspaper*
la journée (internationale) *(international) day*
la jupe *skirt*
le jus de fruits exotiques *exotic fruit juice*

K

le karaté *karate*

L

le labo *lab*
le lac *lake*
laisser *(v)* *to leave*
le lait *milk*
la langue *language*
le pôle Nord *North Pole*
la lecture *reading*
le légume *vegetable*
libre *(adj)* *free*
lier *(v)* *to link*
en ligne *online*
la limonade *lemonade*
lire *(v)* *to read*
le lit *bed*
la littérature *literature*
loger *(v)* (dans) *to stay (in)*
la loi *law*
long(ue) *(adj)* *long*
lundi *Monday*
la Lune *moon*
les lunettes (de soleil) *(sun)glasses*

M

le magasin *shop*
magique *(adj)* *magic, magical*
le maillot de course *running vest*
maintenant *now*
mais *but*
la maison *house*
malgré *despite, in spite of*
la mangeoire *feeder*
manger *(v)* *to eat*
manifester *(v)* *to demonstrate, to protest*
le marché *market*
marcher *(v)* *to walk*
mardi *Tuesday*
le mariage *wedding, marriage*
marin(e) *(adj)* *marine, sea*
marquer *(v)* *to score*
marrant(e) *(adj)* *funny*
marron *(adj)* *brown, chestnut*
martiniquais(e) *(adj)* *from Martinique*
mauvais(e) *(adj)* *bad*
le mécanicien *mechanic (m)*
la mécanicienne *mechanic (f)*
le médecin *doctor (m/f)*
médical(e) *(adj)* *medical*
le médicament *medicine, medication*
meilleur(e) *(adj)* *best*
la mélodie *tune, melody*
le membre *member*
la mémoire *memory*
menacé(e) *(adj)* par *threatened by*
menacer *(v)* *to threaten*
la mer *sea*
merci *thank you*
mercredi *Wednesday*
la mère *mother*
le message *message*
mesurer *(v)* *to measure*
le métier *job*
le mètre *metre*
mettre *(v)* *to put (on)*
le Mexique *Mexico*
midi *noon, midday*
des milliers *thousands*
mi-long(ue) *(adj)* *mid-length*
le minigolf *mini-golf*
la minijupe *mini-skirt*
la Mobylette *moped*
la mode *fashion*
moderne *(adj)* *modern*
moi *me*
moins *less*
le mois *month*
le monde *world*
le mont *mount, mountain*
la montagne *mountain*
monter *(v)* (le volume) *to turn up (the volume)*
la montgolfière *hot-air balloon*
la mosquée *mosque*
le mot *word*
la moule mussel
les moules-frites *mussels and chips*
le mousquetaire *musketeer*
moyen(ne) *(adj)* *average*
le musée *museum*
le musicien *musician (m)*
la musicienne *musician (f)*
la musique *music*
mystérieux(–se) *(adj)* *mysterious*

N

nager *(v)* *to swim*
la naissance *birth*
la nationalité *nationality*
la nature *nature*
né(e) *born*
la neige *snow*
nettoyer *(v)* *to clean*
le nœud papillon *bow tie*
normal(e) *(adj)* *normal*
normalement *normally, usually*
la Nouvelle-Orléans *New Orleans*
la Nouvelle-Zélande *New Zealand*
le nuage *cloud*
nul(le) *(adj)* *rubbish*

l' océan *ocean*
l' œuf *egg*
l' œuf à la coque *soft-boiled egg*
l' oiseau *bird*
l' opération *operation*
l' opinion *opinion*
l' orchestre *orchestra*
l' ordinateur *computer*
l' ordre *order*
organiser *(v)* *to organise*
original(e) *(adj)* *original*
l' origine *origin*
ou *or*
l' ours *bear*
ouvrir *(v)* *to open*

P

le Pacifique *Pacific (Ocean)*
le pain *bread*
la paire *pair*
le pantalon *trousers*
le papier *paper*
le papillon *butterfly*
paralympique *(adj)* *paralympic*
le parc d'attractions *theme park*
le parc *park*
parce que *because*

Glossaire

parfaitement *perfectly*
parfois *sometimes*
le parkour *parkour, freerunning*
le parlement *parliament*
parler *(v)* *to speak*
les paroles *lyrics*
le/la partenaire *partner*
participer *(v) à* *to participate / take part in*
le passé *past*
passer *(v)* *to spend (time)*
le passe-temps *hobby*
passionnant(e) *(adj)* *exciting*
patient(e) *(adj)* *patient*
le patient *patient (m)*
la patiente *patient (f)*
payé(e) *(adj)* *paid*
le pays de Galles *Wales*
le pays *country*
le paysage *landscape*
la pêche *fishing, angling*
pendant *for, during*
penser *(v)* *to think*
le père *father*
perso *(informal)* *personally*
le personnage *character*
petit(e) *(adj)* *small*
le petit boulot *part-time job*
le petit déjeuner *breakfast*
peu *little, not much*
la photo *photo*
la phrase *sentence*
la physique *physics*
le piano *piano*
le pied *foot*
le/la pilote *pilot, racing driver*
le ping-pong *table tennis*
le pique-nique *picnic*
la piscine *swimming pool*
la pizza *pizza*
la plage *beach*
le plan *plan(s)*
la planète *planet*
la plaque *patch*
le poisson *fish*
le plastique *plastic*
pleuvoir *(v)* *to rain*
plus *more*
plus tard *later (on)*
le poisson *fish*
polaire *(adj)* *polar*
poli(e) *(adj)* *polite*
le policier *police officer (m)*
la policière *police officer (f)*
la pollution *pollution*
le polo *polo shirt*
la Pologne *Poland*
la pomme de terre *potato*
le pont *bridge*
populaire *(adj)* *popular*
le porc *pork*
le port *port, harbour*
le portable *mobile phone*
porter *(v)* *to wear*
la poste *post office*
le pot *pot*
la poule *hen*
le poulet (fumé) *(smoked) chicken*
pour *for*
pourquoi *why*
pratique *(adj)* *practical*
prendre *(v)* *to take*
le prénom *forename, first name*
préparer *(v)* *to prepare*
présenter *(v)* *to present*
préserver *(v)* *to preserve*
le président *president*
la principauté *principality*
le prix (Nobel) *(Nobel) prize*
le problème *problem*
prochain(e) *(adj)* *next*
la production *production*
le produit *product, produce*
le/la professeur *teacher*
professionnel(le) *(adj)* *professional*
le projet *plan*
la promenade *walk*
protéger *(v)* *to protect*
le/la psychologue *psychologist*
la publicité *advertisement*
puis *then*
le pull *jumper*

Q

quand *when*
quelquefois *sometimes*
la question-surprise *surprise question*
qui *who*
quitter *(v)* *to leave*

R

raide *(adj)* *straight*
la raison *reason*
ramasser *(v)* *to pick up, to collect*
ranger *(v)* *to tidy*
le rappeur *rapper*
rater *(v)* *to miss*
récemment *recently*
récent(e) *(adj)* *recent*
recevoir *(v)* *to receive*
le réchauffement *warming, heating up*
recycler *(v)* *to recycle*
le/la réfugié(e) refugee
regarder *(v)* *to watch*
réglementé(e) *regulated*
relax *(adj)* *relaxing, chilled*
relaxant(e) *(adj)* *relaxing*
relier *(v)* *to link*
le renard *fox*
rendre *(v)* visite à *to visit*
rentrer *(v)* (à la maison) *to go back (home)*
le repas *meal*
répondre *(v)* *to reply, to answer*
la réponse *answer*
la république *the republic*
respectueux(–se) *(adj)* *respectful*
ressembler *(v)* à *to look like*
le restaurant *restaurant*
rester *(v)* *to stay*
le resto *restaurant*
retrouver *(v)* *to meet up with*
réutiliser *(v)* *to reuse*
revenir *(v)* *to come back*
revoir *(v)* *to see again*
le rhinocéros *rhinoceros*
riche *(adj)* *rich*
rigoler *(v)* *to have a laugh*
la rivière *river*
le riz *rice*
la robe *dress*
le robot *robot*
le roman *novel*
roux *(adj)* *red, ginger*
la rue *street*
le rugby *rugby*
le rythme *rhythm*

S

s'allonger *(v)* *to lie down*
s'appeler *(v)* *to be called*
s'entendre *(v)* (bien) avec *to get on (well) with*
le sac en plastique *plastic bag*

le sac *bag*
sain(e) *(adj) healthy*
la salade *salad*
la salle de classe *classroom*
le salon *lounge, living room*
samedi *Saturday*
le sandwich sandwich
sans *without*
sauf (que) *except (that)*
sauvage *(adj) wild*
savoureux(–se) *(adj) tasty*
le saxo *sax*
le saxophone *saxophone*
le/la scientifique *scientist*
scolaire *(adj) school*
au secours! *help!*
le selfie *selfie*
la semaine *week*
le serveur *waiter (m)*
la serveuse *waitress (f)*
servir *(v) to serve*
seul(e) *(adj) alone*
signer *(v) to sign*
silencieux(–se) *(adj) silent, quiet*
simple *(adj) simple*
le site *site*
le ski *skiing*
le smoking *dinner jacket*
le snowboard *snowboarding*
la sœur *sister*
le soir *evening*
la soirée pyjama *sleepover*
solaire *(adj) solar*
la sorte *sort, kind, type*
sortir *(v) to go out*
la soupe *soup*
souvent *often*
le spectacle show
le sport *sport*
le sportif *sporty person (m)*
la sportive *sporty person (f)*
les sports d'hiver *winter sports*
le stade *stadium*
la statue *statue*
le steak *steak*
le steak-frites *steak and chips*
le/la steward *air steward(ess)*
le succès *success*
le sucre *sugar*
le sud *south*
la Suisse *Switzerland*
suisse *(adj) Swiss*
le supermarché *supermarket*
le surf *surfing*
surfer *(v) to surf*
surtout *especially, above all*
le survêtement *tracksuit*
le sweat *sweatshirt*
le sweat à capuche *hoodie*
sympa *(adj) nice*

T

le tableau *table, grid*
le tablier *apron*
la tache de rousseur *freckle*
la taille *size*
le tapis *carpet*
tchatter *(v) to chat (online)*
le tee-shirt *tee-shirt*
la télé *TV*
téléphoner *(v) to telephone*
la température *temperature*
le temple *temple*
le temps *time*
le temps libre *free time*
le tennis *tennis*
la Terre *Earth*
le thé *tea*
le théâtre *theatre*
le tigre *tiger*
timide *(adj) shy*
la tomate *tomato*
la tortue marine *sea turtle*
toujours *always, still*
le tour du monde *tour of the world*
la tour *tower*
le tour *tour*
le/la touriste *tourist*
la tournée *tour (e.g.* pop group)
tout le monde *everybody, everyone*
tout le temps *all the time*
tout/toute(s)/tous *all*
traditionnel(le) *(adj) traditional*
tranquille *(adj) quiet*
le travail *work*
travailler *(v) to work*
très *very*
tricoter *(v) to knit*
triste *(adj) sad*
la trompette *trumpet*
trop *too*
tropical(e) *(adj) tropical*
trouver *(v) to find*
le tube *(smash) hit*

U

unique *(adj) unique*
utiliser *(v) to use*

V

la vaisselle washing-up
varié(e) *(adj) varied*
le véganisme *veganism*
végetarien(ne) *(adj) vegetarian*
le vélo *bicycle*
vendre *(v) to sell*
vendredi *Friday*
la veste *blazer, jacket*
les vêtements *clothes*
le/la vétérinaire *vet*
la viande *meat*
la vie *life*
vieux (vieille) *(adj) old*
le village *village*
la ville *town*
le violon *violin*
visiter *(v) to visit*
la vitamine *vitamin*
voir *(v) to see*
le voisin *neighbour (m)*
la voiture *car*
le volcan *volcano*
le volleyball *volleyball*
vomir *(v) to vomit, be sick*
vouloir *(v) to want*
voyager *(v) to travel*
vrai(e) *(adj) true*
vraiment *really*

W

la webtélé *internet TV*
le weekend *weekend*

Y

le Yémen *Yemen*
les yeux *eyes*

Z

le zoo *zoo*

Instructions

Adapte (les phrases / le texte / les réponses) …	*Adapt (the sentences / the text / the answers) …*
Associe (la photo à la description) …	*Match (the photo to the description) …*
Change les détails soulignés …	*Change the underlined details …*
Choisis (la bonne réponse / un acteur ou une actrice / la photo) …	*Choose (the right response / an actor or an actress / the photo) …*
Complète les phrases …	*Complete the sentences …*
Copie et complète (le tableau / les phrases).	*Copy and complete (the table / the sentences).*
Copie et traduis …	*Copy and translate …*
Décris …	*Describe …*
Écoute (encore une fois) et vérifie.	*Listen (again) and check.*
Décide si chaque réponse est correcte (✓) ou fausse (✗).	*Decide if each response is correct (✓) or incorrect (✗).*
Dis … en français.	*Say … in French.*
Écoute et note la bonne lettre.	*Listen and note the correct letter.*
Écoute et lis …	*Listen and read …*
Écoute l'interview et réponds aux questions.	*Listen to the interview and answer the questions.*
Écris cinq phrases …	*Write five sentences …*
Écris (la bonne lettre / le bon prénom / des notes).	*Write (the right letter / the right name / some notes).*
En groupe.	*In a group.*
En tandem.	*In pairs.*
Fais une conversation (avec ton/ta camarade).	*Make a conversation (with your partner).*
Fais un sondage. Pose quatre questions à tes camarades.	*Do a survey. Ask your classmates four questions.*
Interviewe ton/ta camarade.	*Interview your classmate.*
Jeu de mémoire.	*Memory game.*
Jeu de rôle.	*Role play.*
Identifie la bonne photo.	*Identify the correct photo.*
Lis … à haute voix.	*Read … out loud.*
Lis et complète … avec les mots de la case.	*Read and complete … with the words in the box.*
Lis le texte et réponds aux questions (en anglais).	*Read the text and answer the questions (in English).*
Lis les questions et les réponses et trouve les paires.	*Read the questions and answers and find the pairs.*
Mets … dans l'ordre chronologique.	*Put … in chronological order.*
Parle de …	*Speak about …*
Prépare et répète les deux conversations.	*Prepare and repeat the two conversations.*
Puis écoute et réponds.	*Then listen and answer.*
Puis écoute et vérifie.	*Then listen and check.*
Qu'est-ce qu'il y a sur la photo?	*What is in the photo?*
Regarde la photo / l'image et prépare tes réponses aux questions.	*Look at the photo / the image and prepare your answers to the questions.*
Relis …	*Re-read …*
Réponds aux questions en anglais.	*Answer the questions in English.*
Traduis le texte / ces phrases en français.	*Translate the text / these sentences into French.*
Traduis en anglais / français …	*Translate into English / French …*
Trouve la bonne fin pour chaque phrase.	*Find the correct ending for each sentence.*
Trouve les paires / les verbes / les phrases.	*Find the pairs / the verbs / the sentences.*
Utilise les images	*Use the images.*
Vrai ou faux?	*True or false?*